Holger Dreyer

Die Praxis der Spiegelmagie

Aus der magischen Praxis

Für die magische Praxis

Im Esoterischen Verlag Paul Hartmann sind zahlreiche weitere Titel zum Themenbereich Magie und Esoterik erschienen. Sie sind überall erhältlich, wo es Bücher gibt oder können direkt beim Verlag bezogen werden.

Sie finden uns im Internet unter: **www.esoterischer-verlag.de**

In der Hainlache 26, D-68642 Bürstadt

Tel. 06245/7516
Fax 06245/8489

E-Mail: wicca-magic@t-online.de
Internet: www.esoterischer-verlag.de

Titelentwurf: Landon, c/o Dirk Lipke, Lindenstr.4, 74232 Abstatt
Internet: www.Innerlichkeit.de
E-Mail: landon@innerlichkeit.de

Auflage: Mai 2001

Herstellung: Druckerei Steinmeier, Nördlingen

ISBN 3 932928 16 4

Inhalt

Einleitung

Die Spiegelmagie ist ein noch weitgehend unerforschtes Gebiet der praktischen Magie, rätselhaft, dunkel und geheimnisvoll. Bei spiegelmagischen Praktiken strahlt der Experimentator, gleich einem Sender, Wellen in die Astralebene ab, die von verschiedenen Wesen wahrgenommen werden können. In der Praxis hat es sich erwiesen, daß verschiedene Symbole, Zeichen, Siegel, Namen usw. eindeutig Auswirkungen auf die Experimente haben. Ich werde aus diesem Grund, eine ganze Reihe dieser wirksamen Symbole und Glyphen aufzeigen, welche die Wirkungen der Spiegelmagie in ihrer Effizienz erheblich steigern und durch die es möglich ist, unsichtbare Wesen der astralen und mentalen Sphäre zu sichtbarer Erscheinung zu bringen.

Nur Personen, die sich in harmonischem Zustand befinden, sollten spiegelmagische Experimente durchführen. Die Spiegelmagie berührt stark das Transzendente, und niemand kann mit Sicherheit sagen, welche Tore wir in der Astralwelt öffnen. Sie ist auf jeden Fall eines der interessantesten Gebiete der praktischen Magie und zeigt bereits bei Anfängern oft erstaunliche Resultate.

Wichtig sind bei Experimenten mit dem magischen Spiegel, die eigene körperliche, seelische und geistige Verfassung. Auch bleibt es nicht unbedingt nur bei „Spiegelphänomenen“. Begleiterscheinungen verschiedenster Art treten auf. Oftmals habe ich und auch andere anwesende Personen die unterschiedlichsten Geräusche wahrgenommen. Mal war es ein Klopfen, dann wieder ein Knacken und ein anderes mal waren es sogar deutlich vernehmbare Schritte und vieles andere mehr. Es kam auch zu Wahrnehmungen anderer Art. Die Temperatur im Raum fiel, eine starke Kälte kam auf und ein eisiger Lufthauch streifte uns. Kerzenflammen flackerten bedenklich und es wurde trotz Beleuchtung immer dunkler im Raum. Auch andere Personen, die mit mir im Zimmer waren, machten die gleichen Wahrnehmungen. Doch darüber werde ich später mehr berichten.

Vorbereitungen zur Spiegelmagie

Nicht allein der magische Spiegel sichert den Erfolg der Spiegelmagie, sondern die, durch vorhergehende Übungen entwickelten astralen und mentalen Fähigkeiten zeigen die besten Auswirkungen. Vorbereitende Übungen sind: Entspannung, Atmung und Blicktraining. Nur wenn der Körper völlig entspannt ist, der Atem mühelos und gleichmäßig fließt und die Augen unbeweglich verharren können, sind die notwendigen Voraussetzungen erfüllt. Eine körperliche Ruhigstellung schaltet weitgehend alle Störungen aus. Höchstes Augenmerk gelte dem Blick, denn schon ein kurzes Abschweifen, ein Zucken der Lieder und die Vision zerrinnt. Tränende Augen behindern begreiflicherweise gleichfalls die spiegelmagische Schau. Das Auge und der Blick müssen daher gut geschult werden.

Die Schulung des zentralen Blicks

Man schaue unverwandt im Spiegel auf die eigene Nasenwurzel, ohne im geringsten mit den Augen abzuschweifen oder zu blinzeln. Man muß in der Lage sein, sich mindestens fünf Minuten lang auf einen Punkt zu konzentrieren, ohne daß dabei das Auge tränt oder sich der Blick in der Ferne verliert.

Ein krampfhaftes Hineinstarren in den Spiegel muß auf jeden Fall vermieden werden. Gleich dem Körper, sei das Auge entspannt und gelöst. Die Lider sollen nicht weit aufgerissen sein, sondern eher ein wenig gesenkt, vor allem darf der freie Blick nicht gehindert werden.

Entspannung

Parallel zur körperlichen Entspannung gehe die geistige und seelische Entspannung. Es geht um die Beherrschung des Gedanken- und Gefühlslebens. Kein fremder, abseitiger Gedanke darf den Experimentator während der Spiegelschau belästigen. Ruhig muß er bleiben, nur Ruhe – Stille – Schweigen, nichts anderes darf ihn erfüllen.

Leer muß er werden, damit er fähig wird, die Bilder zu schauen, die eine erwachende Hellsichtigkeit in den Spiegel zaubern.

Der ägyptische Sitz
Wichtig ist die Wahl eines geeigneten Sitzes, der die magische Schau unterstützt. Ich empfehle hierzu den ägyptischen Sitz. Man setze sich auf einem Stuhl. Den Kopf halte man aufrecht und den Rücken gerade. Knie und Füße sind zusammen und bilden einen rechten Winkel. Die Hände liegen auf den Knien bzw. auf den Oberschenkeln. Folgende Übungen bilden das Gerüst der Spiegelmagie.

1. Übung
Zunächst wird der rhythmische Tief- und Vollatem absolviert. Mit geschlossenem Mund atmen wir durch die Nase in einem ca. fünf Sekunden langen Zug die Luft ein, halten jetzt den Atem für ca. drei Sekunden an und atmen sie danach für ca. sieben Sekunden durch den Mund (oder die Nase) wieder aus. Alles soll ruhig und entspannt fließen, nichts darf angespannt sein oder gar gepreßt werden. Für den Anfang genügen sieben solcher Atemzüge. Danach kann man die Anzahl der Atemzüge langsam steigern.

2. Übung
Wir sitzen im ägyptischen Sitz auf einem Stuhl. In Augenhöhe befestigen wir ein weißes Blatt Papier, in dessen Mitte ein etwa erbsengroßer tiefschwarzer Punkt eingezeichnet ist. Diesen Punkt fixieren wir aus einer Entfernung von ein bis zwei Metern (je nach individuellem Sehvermögen). Auf jeden Fall muß der schwarze Punkt deutlich sichtbar sein und es auch während der ganzen Übung bleiben. Der schwarze Punkt muß für die Dauer von zunächst drei Minuten, ohne im geringsten mit dem Blick abzuweichen oder zu blinzeln, festgehalten werden. Starr und leblos müssen die Augen auf dem Punkt verharren. Die Atmung kann man während dieser vorbereitenden Übung vernachlässigen, also es einfach atmen lassen.

3. Übung

Diese Praktik stellt eine Kombination der ersten beiden Übungen dar. Auch hier wird wieder im ägyptischen Sitz geübt. Wir setzen uns vor einen Spiegel und fixieren unser eigenes Spiegelbild mit der gleichen Unbeweglichkeit der Augen, wie in Übung Nummer zwei. Nur zeichnen wir diesmal den schwarzen Punkt zwischen die eigenen Augenbrauen, auf die sogenannte Nasenwurzel, die ein besonders sensitiver Punkt für magische Experimente darstellt. Diesen Punkt halten wir wieder, wie in der vorigen Übung, starr und fest vor beiden Augen. Auch hier genügen wieder drei Minuten. Wir müssen während der Übung zusätzlich den rhythmischen Atem praktizieren. Also, fünf Sekunden einatmen, für drei Sekunden den Atem anhalten und danach etwa sieben Sekunden lang ausatmen.

Wir können den Spiegel, den wir verwenden, sowohl an der Wand befestigen als ihn auch in beiden Händen festhalten. Das erste Ziel der Übung ist erreicht, wenn es uns gelingt, unser ganzes Gesicht und die Umgebung im Spiegel vollständig, klar und deutlich zu sehen, obwohl wir die Augen unverwandt auf die Nasenwurzel gerichtet halten. Etwa alle drei bis vier Tage dehnen wir die Dauer der Übung aus, bis wir in der Lage sind, zehn bis fünfzehn Minuten lang den Punkt auf der Nasenwurzel ohne Störungen zu fixieren.

Hat man bei der obigen Übung eine genügende Fertigkeit erreicht, läßt man den schwarzen Punkt weg und konzentriert sich nur noch auf die Nasenwurzel. Danach versuche man, während der Dauer der Übung, die eigenen Gedanken weitgehend auszuschalten und so gut wie möglich Gedankenleere zu erzeugen. Die Übung ist gelungen, wenn wir trotz ausschließlicher Blickkonzentration auf die Nasenwurzel, die übrigen Gesichtspartien deutlich erkennen können.

Herstellung und Behandlung des magischen Spiegels

Als magischen Spiegel können wir am Anfang der Übungen jeden handelsüblichen Spiegel verwenden. Wichtig ist nur, daß der Spiegel nach Möglichkeit keinen aufwendigen Zierrahmen besitzt, der unsere Aufmerksamkeit ablenken könnte.

Als erstes befreien wir den Spiegel von anhaftenden fremden Odstrahlen, indem wir ihn ein Weile unter fließendes Wasser halten und ihn anschließend zusätzlich entoden. Zur Odreinigung legen wir den Spiegel vor uns auf einen Tisch. Beim Einatmen streichen wir mit der rechten Hand, der Handteller ist dabei dem Spiegel zugekehrt, von Rechts nach Links, ohne jedoch dabei den Spiegel zu berühren. Wir konzentrieren uns dabei stark auf die Wegnahme aller fremden Einflüsse. Wir saugen das fremde Od, das andere Personen ja an jedem Gegenstand hinterlassen, mit der Innenhandfläche und den Fingerspitzen ein. Danach hält man für kurze Zeit den Atem an, und während dem Ausatmen schleudert man mit einer raschen und heftigen Bewegung das fremde Od durch kräftiges Abschleudern der Hände ab. Also beim Anziehen bzw. Aufsaugen der fremden Einflüsse tief einatmen und beim Abschleudern der Hände mit der gleichen willensgeladenen Konzentrationen kräftig Ausatmen.

Wichtig ist, daß die Hände nach und nach die komplette Spiegelfläche erreichen und der Vorgang etwa siebenmal wiederholt wird. Danach ist der odgereinigte magische Spiegel in einem schwarzen Seidentuch einzuhüllen, der ihn vor allen fremden Einflüssen schützt. Er darf von jetzt an von keinem Sonnenstrahl mehr getroffen werden. Günstig ist, wenn man den soweit vorbereiteten Spiegel bei zunehmendem Mond, in der Zeit von Mitternacht bis gegen ein Uhr in der Frühe, mit eigenem Od durchtränkt, um ihn dadurch magisch aufzuladen.

Zum Einoden liegt der Spiegel vor Dir auf einem Tisch. Einige rhythmische Atemzüge lockern die Odkraft des Körpers, welche unsere Vorstellungskraft in die Handflächen leitet. Während des Einatmens ruht die rechte Hand (bei größeren Objekten auch beide Hände) wenige Zentimeter über dem Spiegel, hierbei sammelt und verdichtet sich die eigene Odkraft in den Händen. Beim Ausatmen leite das aufgespeicherte Od in den Spiegel über, indem Du mit der rechten Hand (Handteller dem Spiegel zugekehrt) von rechts nach links über den Spiegel streichst. Dabei mußt Du Dir plastisch und lebhaft vorstellen, daß aus Deiner Hand und den Fingerspitzen starke, bläulich leuchtende Odströme herausfließen, die den Spiegel treffen und ihn durchdringen. Nach dem üblichen Abschütteln der Hände, kehrt die Hand zur Faust gebildet, zur Ausgangsstellung zurück und die Prozedur beginnt wieder von vorne. Der ganze Vorgang wird ebenfalls fünf bis siebenmal wiederholt. Man kann während der Einatmung, zwecks besserer Konzentration die Augen schließen und sie beim Ausatmen wieder öffnen, während man dabei die Spiegelfläche fixiert, dies bleibt aber jedem selbst überlassen.

Um die magische Ladung des Spiegels zu verstärken ist es vorteilhaft, ihn Nacht für Nacht, bis zum Eintritt des Vollmondes weiter einzuoden. In der Vollmondnacht und den darauf folgenden beiden Nächten kann er dann jeweils für etwa drei Stunden dem Mondlicht ausgesetzt werden, was die Magie des Spiegels ungemein verstärkt und was heutzutage nur noch wenige Menschen wissen. Auch wenn der Mond am Himmel nicht sichtbar ist, lege man den Spiegel trotzdem aus, damit er von den, die Wolken durchdringenden Mondstrahlen getroffen wird. Diese Prozedur kann jeden Monat zur Vollmondzeit vorgenommen werden, um so die lunaren Strahlungskräfte laufend zu erneuern und zu verstärken. Wichtig ist, daß kein Sonnenstrahl den magischen Spiegel mehr treffen darf.

Das esoterische Lichtritual

Vor jeder magischen Operation ist es sehr vorteilhaft, ein besonderes Ritual vorzunehmen. Ich spreche hier von dem sogenannten Esoterischen Lichtritual. Dieses Lichtritual empfiehlt sich vor jedem magischen Versuch, sei es vor einer Beschwörung oder Anrufung, einem spiegelmagischen Experiment, beim Hellsehen, beim Pendeln, der Herstellung von Pergamenten, Siegeln und Glyphen, beim Meditieren und vielen anderen Praktiken.

Das esoterische Lichtritual dient zwei verschiedenen Zwecken. Zum ersten werden helfende Kräfte herbeigerufen und dadurch der Erfolg der nachfolgenden Operation gesichert. Zum zweiten bewirkt es die Freisetzung und Entfaltung der inneren, verborgenen Kräfte und Fähigkeiten des Adepten. Das Lichtritual ist eine heilige Handlung und man kann sagen, daß man hiermit die eigenen inneren, okkulten Kräfte anruft, bzw. wachruft und dadurch eine Verbindung zum Weltgeist, dem Ursein, der großen kosmischen Kraft herstellt.

Die Anzahl der zu verwendenden Kerzen richtet sich nach der Art des Experiments. Bei der Spiegelmagie sind drei Kerzen zu wählen. Wichtig ist, daß man alle Kerzen in einem Ritual nur mit einem Papierstreifen, dem sogen. Fidibus entzündet und eine brennende Kerze auch niemals durch Ausblasen löschen sollte. Es empfiehlt sich, die Flamme durch das Befeuchten von Daumen und Zeigefinger zu löschen oder einen speziellen Kerzenlöscher zu verwenden. Zusätzlich zur Anzahl der verwandten und ritualmäßig vorgeschriebenen Kerzen, arbeite man zusätzlich mit einer Hilfskerze, an der man die Fidibusse entzündet und die als zusätzliches Symbol und Lichtquelle dient.

Nach einem Moment der Konzentration und Stille, hebt der Adept, weit geöffnet beide Arme, richtet dabei den Blick nach oben ins Unendliche und spricht dabei andächtig:

„Heiliger Geist, der du göttlich bist,
der du am Anfang der Welt warst,
der du auch heute noch in mir bist,
der du in allen Geschöpfen der Erde wohnst,
der du überall im Kosmos schwingst.
Ich rufe dich ! Gib mir Licht !

Nun legt man ein kleine Pause ein und spricht die Formel zu Ende:

„Im Namen derjenigen Kraft,
die der Erde das Licht brachte,
rufe ich – es werde Licht !"

Nun entzündet man feierlich die erste Kerze. Nach dem Aufleuchten der Flamme, verneigt man sich dreimal. Nun werden nochmals die drei letzten Zeilen gesprochen und die zweite Kerze entzündet. Nachdem man sich ein weiteres mal verneigt hat und alle Kerzen brennen, spricht man die Schlußformel:

„Es wurde Licht !
Es ist erleuchtet !
Ich bin in der Helle !
Um mich ist Finsternis !"

Nun wird die Hilfskerze mit den Fingern oder einem Kerzenlöscher, den man in vielen Geschäften kaufen kann, gelöscht und das Eröffnungsritual ist damit beendet.

Spiegelexperiment mit Odkraft

Für dieses Experiment ist es günstig, echte Bienenwachskerzen zu verwenden, aber nicht unbedingt notwendig. Man beginnt den Versuch mit dem, im vorherigen Kapitel beschriebenen Lichtritual und legt oder stellt den Spiegel vor sich auf den Tisch. Zunächst ode man den Spiegel neunmal mit der rechten Hand kurz ein, während man sich dabei darauf konzentriert, wie mit jedem Ausatmen ein bläulicher Odstrahl aus der rechten Hand in die Spiegelfläche einströmt.

Nun setzt man sich im ägyptischen Sitz, oder einer anderen bequemen Sitzhaltung vor den Spiegel und richtet dabei alle Gedanken auf die Odkraft, die man in den Spiegel geleitet hat. Nach einiger Zeit oder auch mehreren Versuchen, wird man in der Spiegelfläche schwächere oder stärkere bläuliche Wölckchen umherschwirren sehen. Diese Wolken sind Dein Od, Deine Lebenskraft, mit dem Du den Spiegel geladen hast. Versuche nun kraft Deiner Konzentration, diese umherziehenden Gebilde nach Deinem Willen zu lenken. Anfangs wird dies recht schwierig sein, aber von Versuch zu Versuch immer besser gelingen.

Spiegelexperiment der dunklen Schatten

Stelle den Spiegel auf einen Tisch, der mit einem schwarzen Tuch bedeckt ist. Plaziere drei Kerzen um den Spiegel. Eine stelle rechts, eine links und die letzte hinter dem Spiegel auf. Achte dabei darauf, daß der Kerzenschein sich nicht in dem Spiegelbild trifft. Verwende kein elektrisches Licht und entzünde eine Hilfskerze, danach beginne mit dem Lichtritual. Hast Du alle Vorbereitungen getroffen und Dich in die nötige Ruhe und Harmonie gebracht, atme durch die Nase tief rhythmisch ein und aus. Dein Blick muß fest auf die Nasenwurzel gerichtet sein, ohne im mindesten dabei mit den Augen abzuschweifen oder zu blinzeln. Halte so gut wie möglich Gedankenstille. Beobachte einfach nur die ziehenden Schatten im Spiegel und wie Dein Gesicht langsam mehr und mehr verschwimmt. Widerstehe dem jetzt einsetzenden Gefühl von Müdigkeit und beende nach einigen Minuten das Experiment.

Anleitungen zur Spiegelschau mit magischen Spiegeln

Auch bei dieser Übung beginne mit dem esoterischen Lichtritual und dem Entzünden der Kerzen. Schließe Deine Augen, atme ruhig und gleichmäßig etwa fünf Minuten durch die Nase tief ein und aus. Gehe nach und nach zur rhythmischen Atmung über, um Deine Konzentration zu vertiefen. Entspanne langsam Deinen Körper. Du wirst jetzt bemerken, wie Du ruhig und ausgeglichen wirst. Richte nach etwa fünf bis zehn Minuten Deine Aufmerksamkeit auf Dein Spiegelbild und konzentriere Dich auf Deine Nasenwurzel. Atme weiter im gleichbleibenden Rhythmus ein und aus. Versuche keine störenden oder abschweifenden Gedanken aufkommen zu lassen. Weise alle Gedanken ruhig und entspannt ab. Ruhe, Stille und Schweigen sollen Dich erfüllen. Leer sollst Du werden, alle eigenen Gedanken sollen erlöschen. Gedankenruhe und Stille herrschen. Weiter rhythmisch ein und ausatmen. Halte diese Konzentration mindestens fünf bis zehn Minuten aufrecht. Du hast nun einen wichtigen Zustand erreicht, in dem Du alle anderen Experimente ausführen kannst. Eine wichtige Hürde liegt hinter Dir, und die folgenden magischen Spiegeltechniken werden Dir zunehmend leichter fallen und immer besser gelingen.

Spiegel- und Astralschau

Fast alle Spiegelexperimente weisen folgende Gemeinsamkeiten auf: Du fixierst Deine Nasenwurzel im Spiegel, und nach einiger Zeit beginnt Dein Blickfeld zu verschwimmen, es wird mit leichten Schleiern überzogen, Wolken tauchen an der Oberfläche des Spiegels auf und vernebeln Deine Sicht. Du siehst für kurze Momente schwarze Flächen und zwischen den Flächen kannst Du feine Lichtblitze erkennen. Es beginnen Farben und Formen aufzutauchen. Dein eigenes Spiegelbild beginnt sich zu verändern. Dein Gesicht bekommt ein anderes Aussehen. Unbekannte Gesichtszüge schälen sich aus dem Spiegel. Nach einiger Zeit verwandelt sich die Spiegelfläche in eine weiße oder graue Scheibe, in der sich zunehmend wolkenähnliche Gebilde zeigen. Von der Spiegelfläche geht zu diesem Zeitpunkt eine suggestiv wirkende und einschläfernde Kraft aus, der man aber auf keinen Fall nachgeben darf. Wenn die Müdigkeit zu groß wird, breche man das Experiment ab und setze die Arbeit ein anderesmal fort.

Je weiter man jetzt mit dem magischen Spiegel übt, um so tiefere Trancezustände stellen sich ein, und es beginnen sich mit der Zeit auf der Spiegeloberfläche, Gestalten, Orte, Figuren, ja sogar mitunter Astralwesen zu zeigen. Ruhig beobachte man alle auftretenden Erscheinungen und lasse sich nicht aus der Ruhe bringen. Wichtig ist, daß man jetzt beim Beenden des Experimentes eine magische Entlassungsformel spricht, um die Türen wieder zu schließen, die man durch die Spiegelmagie geöffnet hat. Ich werde die Entlassungsformel im nächsten Kapitel ausführlich beschreiben. Wenn man möchte, kann man jetzt auch damit beginnen, kurze Aufzeichnungen zu machen, in denen man alle Erscheinungen, die im Spiegel auftauchen, kurz notiert, um sie später zu Rate ziehen zu können.

Die magische Entlassungsformel

Wenn man bei den eigenen spiegelmagischen Versuchen so weit gekommen ist, daß man schemenhafte Erscheinungen und Gestalten im Spiegel wahrzunehmen beginnt, spreche man nach Beenden des Experiments stets eine magische Entlassungsformel, um die angerufenen Kräfte auch wieder zu verabschieden und zu bannen. Denn, wie ich in der Einleitung bereits kurz erwähnt habe, strahlt der Magier bei seinen Versuchen, Wellen und Rufzeichen in die Astralebene ab, welche die verschiedensten Wesen dieser Ebene anlocken und herbeiziehen. Man spreche daher nach jedem Experiment:

„Im Namen des Gottes,
im Namen des Vaters, des Sohnes
und des heiligen Geistes,
im Namen von Jesus Christus,
im Namen von Adonai,
entlasse ich alle herangeführten Wesen
und gebiete ihnen, sich in Frieden zu entfernen.
Kraft meines allmächtigen, göttlichen Willens,
im Namen von Adonai, ziehet hin in Frieden."

Selbstverständlich muß man sich nicht wörtlich an diese Entlassungsformel halten und kann den Text nach eigenen Vorstellungen umgestalten. Ich habe das obige Beispiel gewählt, da es sehr starke Abwehrkräfte enthält und sich als Universalformel sehr gut bewährt hat.

Die Erforschung esoterischer Geheimnisse durch Spiegel

Eine schöne Anleitung gibt Heinrich Jürgens in seinem Buch „Spiegelpraxis und Spiegelmagie" über die Erforschung esoterischer Geheimnisse durch astrale Spiegelschau. Er empfiehlt, den magischen Spiegel zur Hand zu nehmen und sich darauf zu konzentrieren, daß man mit seiner Hilfe esoterische Geheimnisse erfährt. Er gibt an, daß man bei genügend Ausdauer und Praxis geheimnisvolle Schriften, Sprachen und Sprüche von großer Weisheit und gut leserlich in der Spiegelfläche erblicken kann. Ich habe hierbei die Erfahrung gemacht, daß viele Ergebnisse und Schauungen nicht unbedingt während des Experiments auftreten, sondern sich im Traum manifestieren. Man erblickt während der Nacht geheimnisvolle Orte, liest in unbekannten geheimen Büchern und erhält oft nützliche Gedanken, die oft ebenso einfach wie genial sind. Wer dies einmal selbst erlebt hat, wird den tiefen Eindruck, den solch eine nächtliche Astralschau hinterläßt, niemals vergessen.

Heinrich Jürgens führt die Praxis der Spiegelmagie auf den Engel Azael zurück, der die Menschen auch in der Kunst der Selbstverteidigung unterwies und ist der Meinung, daß es sich bei den geheimnisvollen Buchstaben des *„Mene, mene tekel upharsin"*, die Nebukadnezar an der Tempelwand erschienen sind, um eine spiegelnde Fläche und somit eigentlich um eine magische Spiegelschau gehandelt habe. Dies wäre dann eine der ersten geschichtlich überlieferten Schilderungen für eine magische Spiegelpraxis.

Eine spiegelmagische Anziehungsglyphe

Um die Wirkung des magischen Spiegels und dessen Anziehungskraft zu erhöhen ist es günstig, ein magisch wirksames Symbol auf der Rückseite des Spiegels anzubringen. Bestens geeignet hierfür ist die folgende Anziehungsgylphe, mit welcher ich selber schon seit vielen Jahren arbeite und experimentiere.

Spiegelglyphe

Die Glyphe wird auf der Rückseite des Spiegels entweder aufgezeichnet oder eingeritzt. Beim Anbringen ist darauf zu achten, daß der fünfzackige Stern, das Pentagramm freihändig und in einem Zug und unter starker Konzentration von links oben beginnend gezogen wird. Das mit der Spitze nach unten weisende Pentagramm in magischer Linksrichtung gezogen, zieht astrale Kräfte herbei und ist in wissenden Kreisen ein bekanntes Rufungssymbol der zeremoniellen Magie. Es hat nicht das geringste mit schwarzer Magie zu tun und vereinigt die Planetenkräfte mit den Kräften der Genien Hagiel, Graphiel, Agiel und Tiriel. Ich erkläre im folgenden kurz die Symbolik der einzelnen Zeichen:

♀ Astrologisches Symbol der Venus
(Anziehungskraft)

☉ Astrologisches Symbol der Sonne
Vitalität und Lebenskraft)

☾ Astrologisches Symbol des Mondes
(Seele und Intuition)

♄ Astrologisches Symbol des Saturn
(Zusammenziehung und Verdichtung)

♂ Astrologisches Symbol des Mars
(Dynamische Kraft)

♎ Astrologisches Symbol der Waage
(Gleichgewicht)

Siegel von Hagiel
(Wesenheit der Venus)

Siegel von Graphiel
(Wesenheit des Mars)

Siegel von Agiel
(Wesenheit des Saturn)

Siegel von Tiriel
(Wesenheit des Merkur)

Kabbalistischer Buchstabe: Zain, Zahlwert 7
(Triumph, Sieg, Erfolg, Verwirklichung)

666 — 666: Erdkräfte
(Verdichtung, Materialisation)

Kether — Die Krone des kabbalistischen Lebensbaumes

Malchut — Das Reich der Formen.

Hat man die Glyphe fertiggestellt, muß man sie mehrmals gut einoden, um ihre Wirkung zu steigern. Günstig ist, wenn man die Glyphe in einer Vollmondnacht anbringt. Manche Magier bevorzugen es, die Anrufungsglyphe einfach zu fotokopieren und auf die Rückseite des Spiegels zu kleben. Auch dies ist möglich, allerdings muß man hier alle Striche und Symbole mit Tusche und unter starker Konzentration nachzeichnen, um ihre Wirkungsweise zu sichern.

Zum Abschluß möchte ich noch einige weiterführende Hinweise beim Anbringen oder Nachzeichnen der einzelnen Symbole der Glyphe geben. Wenn man beispielsweise das Symbol des Saturn anbringt, kann man seine Konzentration auf die Eigenschaft der Verdichtung und Zusammenziehung richten. Bei dem Siegel des Hagiel konzentriert man sich darauf, daß mit diesem Symbol die unterstützenden Kräfte dieses Genius in die Anrufungsglyphe mit einfließen. So verfährt man mit jedem einzelnen Symbol. Danach ist die Spiegelglyphe besonders wirksam aufgeladen.

Erlebnisse während einer spiegelmagischen Schau

Ich schildere im folgenden ein interessantes Experiment, das ich im Jahre 1994 mit dem magischen Spiegel hatte. Ich experimentierte mit einer Freundin von mir, die medial veranlagt ist, als der Mond im Zeichen der Jungfrau stand. Den Spiegel hatte ich in Nord-Richtung aufgestellt. Der Raum war bis auf drei brennende Kerzen abgedunkelt, die den Spiegel einrahmten. Wir hatten uns so hingesetzt, daß meine Bekannte nur mein Gesicht im Spiegel erkennen konnte, während ich so saß, daß ich neben meinem Gesicht, auch ihr Gesicht und den Hintergrund des Zimmers sehen konnte. Wir konzentrierten uns beide auf meine Nasenwurzel. Schon nach kurzer Zeit begann mein Gesicht zu verschwimmen und die Spiegelfläche wurde zusehends dunkler, bis mein Gesicht überhaupt nicht mehr zu sehen war. Kurz danach tauchte mein Gesicht wieder auf, nur erschien es uns wie das Negativ einer Fotografie. Auch dieses verschwand wieder und die Spiegelfläche wurde abermals dunkel. Plötzlich tauchte mein Gesicht aus dem Dunkel klar und plastisch hervor, während ich weder meine Bekannte, noch den Hintergrund des Zimmers wahrnehmen konnte. Ich bemerkte deutlich, wie sich Schatten auf der Spiegeloberfläche bildeten und auf mein Gesicht zukrochen. Langsam wurde mein ganzes Gesicht von den dunklen Schatten überlagert. Nach einigen Augenblicken der Dunkelheit im Spiegel glotzte mich ein riesengroßes Auge an. Diese Erscheinung hatte etwas länger Bestand, bevor sie ebenfalls verschwand. Während wir uns weiter konzentrierten, begann die Spiegelfläche zunehmend dunkler zu werden. Doch diese tiefe Dunkelheit blieb nicht nur auf die Spiegelfläche begrenzt. Wir bemerkten beide, daß es auch im Zimmer schwärzer und schwärzer wurde. Die Kerzenflammen fingen an zu flackern, obwohl keinerlei Luftzug herrschte. Plötzlich zuckten wir zusammen, als ein lautes Krachen im Zimmer ertönte. Teile meines Gesichts wurden langsam wieder im Spiegel sichtbar. Einmal war die Dunkelheit nur um meine Nase, die sich langsam in die Länge zog, dann wieder waren nur zwei Augen zu sehen und ein andermal schälte sich lediglich mein Kinn heraus. Doch wie hatten sich meine Züge verändert! Mein Gesicht, der ganze Ausdruck hatte etwas dämonisches an sich. Die Augen blickten stechend und grausam. Ich fühlte mich zunehmend unwohler, es wurde mir richtig unheimlich. Auch meiner Bekannten ging es ebenso. Zu meiner Erleichterung kehrte nach einiger Zeit langsam mein normales Gesicht wieder zurück. Aber dieser Zustand hielt nur kurz an, denn anschließend schob sich ein fremdes Gesicht über mein Spiegelbild. Wie einer der Musketiere, schoß es mir in den Kopf. Noch ehe ich darüber nachdenken konnte, verschwand dieses Gesicht und ein anderes kam zum Vorschein. Wie ein alter Seemann, dachte ich noch, da verschwand auch dieses Gesicht wieder. Rasch wechselten nun die Gesichter kaleidoskopartig ab, so daß ich nur noch kurze Eindrücke von den auftauchenden Bildern hatte.

Nach einiger Zeit, als keine neuen Eindrücke mehr im Spiegel entstanden, wechselten meine Bekannte und ich die Sitzplätze. Wir konzentrierten uns nun auf die Nasenwurzel meiner Bekannten. Es dauerte nicht lange, dann verschwand ihr Gesicht in völliger Schwärze. Die Spiegelfläche war total dunkel geworden. Auf einmal erschien ihr Antlitz wieder. Es sah fast normal aus, bis auf die Augen. Diese waren nicht mehr vorhanden, statt dessen blickten uns zwei schwarze leere Augenhöhlen an. Ihr Gesicht verschwand, kam wieder zum Vorschein und so ging es einige Zeit weiter, aber jedesmal lag ein anderer Ausdruck in ihren Zügen. Später tauchten schwarze Farben im Spiegel auf und dann sah man ihre Augen kurz rötlich aufflackern. Dann wechselten auch bei ihr mehrere Gesichter rasch hintereinander ab. Dominant war jedoch eine besondere Gestalt, die uns an einen Zauberer erinnerte und der immer wieder zwischen den anderen Gesichtern auftauchte. Nach einiger Zeit beendeten wir das Experiment und sprachen die Entlassungsformel.

Eine energieverstärkende Glyphe

Symbole und ganz besonders magische Glyphen, stellen eine Konzentration von kosmischen Energiekräften dar, gebunden innerhalb eines bewußt geschaffenen Raumkraftfeldes, eben der vorliegenden Glyphe. Das folgende Symbol ist eine magisch wirkende Glyphe, die die eigenen Energiekräfte verstärkt. Die Glyphe ist mit schwarzer Tusche oder Tinte auf ein Stück Papier zu zeichnen. Zulässig ist auch die Verwendung von roter und schwarzer Tusche, wobei die Spirale in rot und alles andere in schwarz zu zeichnen ist. Auch hier darf man die Einodung nicht vergessen.

Wenn man die Verstärkungsglyphe direkt auf die Rückseite des magischen Spiegels zeichnen möchte, kann man sie mit gut eingeodeter Kreide auftragen. Ich persönlich bevorzuge sogenannte Holz-Natur-Buntstifte, die nicht verschwischen oder verschmieren, wie dies bei Kreide der Fall ist, denn Kreideglyphen verwischen spätestens beim Einwickeln des Spiegels in ein schwarzes Seidentuch und dadurch ist auch die magische Wirksamkeit der Glyphe verloren.

Energieverstärkende Glyphe

Die angegebene Glyphe, die energieverstärkend für alle magischen Experimente wirkt, kann auf zwei Arten angewandt werden. Man kann die Glyphe auf der Brust in Höhe des Solarplexus tragen, indem man sie auf ein Stück Papier oder Karton zeichnet, ausschneidet, mit einem Faden versieht und sie sich wie ein Medaillon um den Hals hängt. Hierdurch verstärken die energieanziehenden Kräfte der Glyphe den Ätherkörper des Menschen und insbesondere die Chakren durch Zuführung von feinstofflichen Kräften. Man sollte hierbei allerdings nicht übertreiben, um den Ätherkörper nicht mit Odkräften zu überladen. Die Glyphe erleichtert die Verbindung zur astralen und mentalen Sphäre und läßt sich daher sehr gut für magisch-evokatorische Praktiken einsetzen. Man bedenke aber, daß diese Glyphe keinerlei Schutzwirkung besitzt.

Ich persönlich bevorzuge es, die energieverstärkende Glyphe neben die Anziehungsglyphe zu zeichnen, um dadurch die Kräfte der beiden Glyphen miteinander zu kombinieren. Die von mir gemachten Vorschläge mit den Glyphen sind natürlich für einfache Versuche nicht unbedingt notwendig, meine Erfahrung hat aber gezeigt, daß durch die Verwendung der beiden Glyphen ein Kontakt zur Astralebene wesentlich leichter gelingt, als ohne sie. Die Astralebene ist die Welt der Formen und Gefühle und wird von einer Unzahl feinstofflicher Wesen, Naturgeistern, den Geistern von Verstorbenen, Elementalen, Gedankengebilden, Schatten, Gespenstern und vielem mehr bevölkert.

Spiegelmagie als magisches Kontaktmittel

In den vorherigen Kapiteln habe ich einige einfachere spiegelmagische Experimente beschrieben. Im folgenden möchte ich näher auf die spezielle Spiegelmagie eingehen, die sich mit magischen Formeln, Siegeln und Anrufungen beschäftigt. Diese Praktiken dienen dazu, in direkten Kontakt mit Astralwesen, Genien und Dämonen zu gelangen und sind leider nicht ganz ungefährlich. Ich empfehle sie nur demjenigen, der schon einige Erfahrungen in der praktischen Magie besitzt. Der Magier experimentiert hier mit Kräften, die sich oftmals nur schwer kontrollieren lassen.

Magische Evokationsformel

Die nachfolgenden magischen Formeln habe ich in einem Dokument des Frater Daniel, einem früheren Großmeister der okkulten Loge Fraternitas Saturni gefunden. Es handelt sich um sieben Formeln, oder besser gesagt, um sieben Reihen mit Formeln, die man für spiegelmagische Zwecke einsetzen kann. Man kann jede Formel für sich allein verwenden, oder aber auch alle sieben Reihen zusammen, als eine Art Gesamtformel anwenden. Diese Formeln sind überaus mächtig und sollten nur mit besonderer Vorsicht eingesetzt werden, da es sich um Evokationssymbole zur magischen Anrufung von dämonischen Kräften handelt. Auch wenn sich keine sichtbaren Erscheinungen im Spiegel oder außerhalb des Spiegels zeigen, sind die angerufenen Kräfte dennoch wirksam und vorhanden und können noch Tage oder Wochen nach dem Experiment Wirkungen hervorrufen. Ich empfehle hier, sich auf jeden Fall mit einer Schutzglyphe zu versehen oder im magischen Kreis zu arbeiten. Näheres hierzu schildere ich in späteren Kapiteln. Man kann die Evokationsformeln entweder direkt auf die Rückseite des magischen Spiegels zeichnen oder sie auf Papier auftragen und mit Tesafilm auf der Rückseite festkleben. Auch hier das Einoden nicht vergessen.

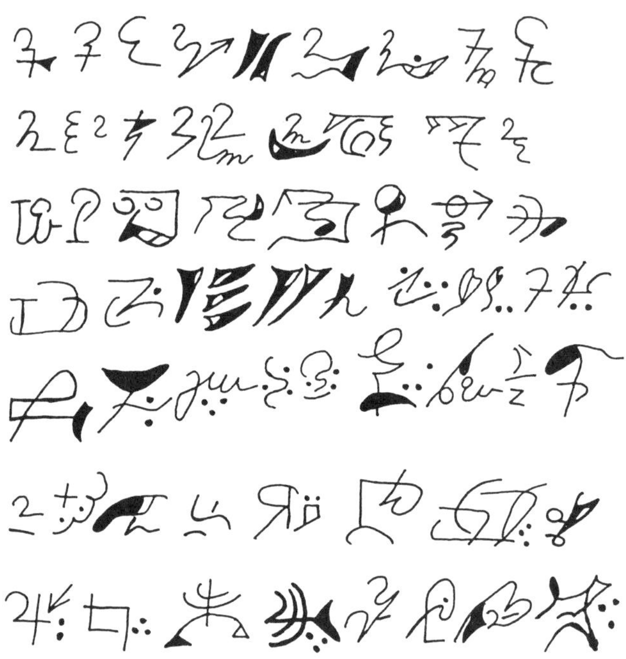

Evokationsformeln

Bei meinen Experimenten bevorzuge ich es, die Formel auf die Rückseite zu kleben. So hatte ich eine Formel ausgewählt und sie gleich zweimal auf verschiedene Papier- und Pergamentstreifen gezeichnet. Einen Papierstreifen habe ich auf der Rückseite des Spiegel angebracht und den zweiten direkt vor den Spiegel gelegt. Selbstverständlich sind auch hier wieder beide Formelstreifen sorgfältig einzuoden.

Als günstigste Zeit für diese Experimente habe ich zwischen 22:00 Uhr und 2:00 Uhr nachts ermittelt. Der Ablauf des Versuchs war bei mir wie folgt: Esoterisches Lichtritual, Entzünden der drei Kerzen, Aufzeichnen der Formeln und dann das Abhalten der spiegelmagischen Schau. Gleichgültig welche Resultate sich nun zeigten, habe ich immer nach Beenden des Experiments die magische Entlassungsformel gesprochen.

Wenn es möglich ist, kann man das Zimmer, indem man Spiegelmagie betreibt, in den Farben schwarz oder rot ausgestalten. Mit ein paar langen Vorhängen oder Tüchern läßt sich der Raum schnell und leicht verändern. Erwähnen möchte ich noch, daß ich bei meinen Versuchen immer einen Bergkristall um den Hals trage, der die Wahrnehmung verbessert und feinfühliger macht. Diesen Bergkristall habe ich immer einen Tag vor dem Experiment umgehängt und feststellen können, daß er mich empfänglicher und sensitiver gemacht hat. Dies kann aber jeder selbst entscheiden, denn ein Bergkristall ist nicht unbedingt notwendig.

Wenn man zusammen mit anderen Personen Spiegelmagie betreibt oder diese in den magischen Spiegel geschaut haben, vergesse man niemals den Spiegel zu reinigen, also zu entoden und danach wieder neu einzuoden. Dadurch vermeidet man, daß fremde fluidale Kräfte die Wirkung der Spiegelschau beeinträchtigen.

Ich habe festgestellt, daß man die Wahl der Himmelsrichtung bei der Spiegelschau vernachlässigen kann. Die traditionelle Magie schreibt zwar vor, bei hochmagischen Operationen nach Westen zu blicken, bei Meditationen nach Osten zu sehen und ansonsten wird generell die Blickrichtung nach Süden empfohlen, um sich mit dem Erdmagnetismus in Einklang zu bringen. Ich persönlich habe meinen Spiegel hauptsächlich nach Norden ausgerichtet und dabei sehr gute Ergebnisse erzielt, aber gute Erfolge habe ich auch erreicht, wenn ich ihn nach Süden, Westen oder Osten ausgerichtet habe.

Erstes Experiment mit den magischen Formeln

Doch zurück zu den Evokationsformeln. Die Versuche sind am wirksamsten, wenn man sie Samstagnacht oder in einer Vollmondnacht ausführt. Diese Experimente waren immer dann die interessantesten, aber auch die gefährlichsten. Aus einer ganzen Anzahl von Versuchen mit diesen Formeln, möchte ich hier ein besonderes Experiment aus meinem magischen Tagebuch schildern. Ich experimentierte an einem Montag, in einer Vollmondnacht. Der Mond stand im Tierkreiszeichen Skorpion (Wasserzeichen). Ich hatte mich dazu entschlossen, die erste Evokationsformel zu verwenden. Nach dem Lichtritual zeichnete ich die Formel auf zwei verschiedene Pergamentpapiere, die ich danach sorgsam einodete. Das erste Papier klebte ich auf die Rückseite des Spiegels und das zweite legte ich gut sichtbar an die Vorderseite. Als Beleuchtung wählte ich die drei vorgeschriebene Kerzen. Um 22:00 Uhr setzte ich mich im ägyptischen Sitz vor den Spiegel, atmete rhythmisch ein und aus und konzentrierte mich auf die Nasenwurzel. Doch was war das? Ich hatte mich kaum eine halbe Minute konzentriert, als mein Gesicht in völliger Schwärze verschwand und nicht wieder auftauchte. Nach etwa fünf Minuten erschienen dann gräuliche Nebel auf der Spiegelfläche, die sich zusehends verdichteten und nach weiterer Konzentration zu Schleiern wurden. Es ging jetzt alles sehr schnell, und zunächst zeigten sich in der dunklen Spiegelfläche hellblaue Zeichen oder Symbole, die ich mir leider nicht merken konnte, da sie zu schnell wechselten. Dann herrschte wieder völlige Dunkelheit. Auf einmal erschienen wie aus dem Nichts, hellblaue wolkenähnliche Gebilde, die an den Seiten so etwas wie Flügel hatten. Diese „Flügelwolken", wie ich sie nannte, flatterten jetzt einige Zeit in der ganzen Spiegelfläche umher. Fasziniert beobachtete ich die seltsamen Gebilde. Wieder kehrte die Dunkelheit zurück. Jetzt erschien hellblauer Nebel im Spiegel, der sich immer mehr zusammenzog, bis daraus eine Gestalt entstand, die mich an ein Gespenst denken ließ. Die feinstoffliche Gestalt schwebte im Spiegel hin und her, bis sie in eine Art Wirbel zu geraten schien. Spiralförmig rotierte die Erscheinung in immer größeren Kreisen über die Spiegelfläche, bis auch sie plötzlich wieder verschwand. Nun bemerkte ich einen langen Tunnel, der am

Ende eine hellblaue Öffnung sichtbar werden ließ. Nach abermaligem Verdunkeln der Spiegelscheibe flossen hellblaue Nebel zu einer weiteren Gestalt zusammen, die sich zu einem großen hellgrauen Hai verdichteten. Ich konnte diese Erscheinung regelrecht in ihren Bewegungen beobachten, und sah wie das Haimaul auf dem Spiegel auf und zuging. Danach wurde die Scheibe abermals dunkel und zeigte keine neuen Bilder mehr. Ich brach das Experiment nun mit der Entlassungsformel ab, und stellte erstaunt fest, daß bereits eine ganze Stunde vergangen war, obwohl ich den Eindruck hatte, als habe ich nur einige Minuten experimentiert.

Zweites Experiment mit den Evokationsformeln
Ich möchte noch eine weitere spiegelmagische Sitzung schildern, bei der ich die Gesamtformel verwendete. Der Versuch fand in der Nacht von einem Dienstag auf Mittwoch statt. Die Vorbedingungen waren die gleichen wie beim ersten Experiment, nur war diesmal eine weitere Person im Raum, die mich während des Versuches beobachten sollte. Während ich die Spiegelschau abhielt, saß mein Bekannter, welcher Theologie studierte, etwa einen Meter abseits auf einem Stuhl und blickte dabei aber nicht in den Spiegel.

Ich konzentrierte mich in der gewohnten Weise, und konnte eine ganze Zeitlang verschiedenartige, stets wechselnde Gesichter in der Spiegelfläche erkennen. Auch hier wurde die Fläche zunächst wieder schwarz und undurchdringlich. Ich war voll konzentriert, als plötzlich etwas aus der Dunkelheit hervorschoß, was mich in Angst und Schrecken versetzte. Es war ein grauenvolles, dämonisches Gesicht, und die furchterregende Fratze schoß aus der Spiegelfläche direkt auf mich zu. Der durchdringende Blick des unheimlichen Gesichtes, drang mir durch Körper und Seele. Selber schuld, wenn du mit Beschwörungsformeln arbeitest, raste es mir durch den Kopf, und schreckerfüllt zuckte ich vor dem Spiegel zurück.

Ich drehte mich zu meinem Bekannten um und wollte ihm berichten, was ich gesehen hatte, als merkwürdige Phänomene außerhalb des Spiegels auftraten. Schwarze Schatten schwebten im ganzen Zimmer umher. Während es in der einen Ecke aufblitzte, waberten in der anderen Ecke weiße Wolken umher. Zuerst glaubte ich an eine Ermüdung meiner Augen und an aufgetretene Halluzinationen, bis ich die furchtsamen Blicke meines Bekannten sah, der wild hin und her schaute. Als ich Peter, so hieß mein Bekannter, ansprach, berichtete er mir aufgeregt von den umherschwirrenden Kreisen, Wolken und Schatten und wollte eindringlich von mir wissen, ob ich denn nichts sehen würde. Dies war der objektive Beweis für meine Spiegelschau, denn Peter hatte überhaupt nicht in die Spiegelfläche gesehen und sah nun haargenau die gleichen Phantome wie ich selbst.

Nachdem wir interessiert und ein wenig beunruhigt die seltsamen Schatten einige Zeitlang im Zimmer beobachtet hatten, sprach ich schließlich die magische Entlassungsformel. Die Phänomene hörten von diesem Zeitpunkt an schlagartig auf, und ich schaltete das elektrische Licht ein und debattierte mit Peter über das Geschehen. Ich bin der Meinung, daß durch die Rufungsformel hervorgerufen, ein oder mehrere Astralwesen angezogen wurden und anwesend waren, die vielleicht sogar versucht haben, sichtbare Gestalt anzunehmen. Auf jeden Fall war es ein sehr eindrucksvolles Erlebnis, das für mich die Wirksamkeit und Realität magischer Phänomene eindeutig bestätigte.

Das magische Alphabet

Wenn man bei Spiegelmagie ein bestimmtes Astralwesen anziehen möchte, empfehle ich die Verwendung des nachstehend angegebenen magischen Alphabets. Es eignet sich zur Wiedergabe von allen magischen Formeln und Anrufungstexten. Man muß lediglich den Namen der Wesenheit, mit der man experimentieren möchte, in das folgende Alphabet übersetzen und auf ein Stück Papier schreiben. Natürlich sollte man auch das entsprechende magische Siegel des Wesens kennen und benutzen, da Astralwesen oder Dämonen immer an ein bestimmtes Symbol, ihr Siegel gebunden sind.

A =	B =	C =	D =	E =
F =	G =	H =	I = •	K =
L =	M =	N =	O =	P =
Q =	R =	S =	T =	U =
V =	X =	Y =	Z =	

Die Buchstaben J und W besitzen keine Entsprechung im magischen Alphabet und können durch I und V ersetzt werden.

Die Verwendung von Kerzen

Für spiegelmagische Zwecke verwendet man drei Kerzen und eine Hilfskerze, an der man die Fidibusse (Papierstreifen) anzündet. Am günstigsten ist natürlich die Verwendung von echten Bienenwachskerzen, da hierdurch eine besonders enge naturmagische Verbundenheit zustande kommt. Da diese Kerzen allerdings recht teuer sind, verwende ich meist normale Haushaltskerzen, die nur ruhig und flackerfrei brennen müssen. Die Farbe der Kerzen richtet sich nach dem Zweck, den man erreichen möchte, ansonsten genügt es, wenn man dunkelblaue oder weiße Kerzen verwendet.

Für die allgemeine Spiegelmagie verwende ich drei Kerzen. Ich stelle jeweils eine Kerze rechts und links neben den Spiegel und die dritte Kerze wird hinter den Spiegel gestellt.

Für Elementmagie und die Anrufung von Naturgeistern nehme ich vier Kerzen und stelle jeweils eine Kerze nach Norden, Süden, Westen und Osten. Als fünftes Element befindet man sich selbst im Kreis bzw. in dessen Mitte. Die vier Kerzen symbolisieren hier die vier Elemente, und der Magier in der Mitte des Kreises, steht für das geistige Element, für das Akashaprinzip, auch das göttliche Prinzip genannt. Für Arbeiten mit dem Feuerelement nimmt man rote Kerzen, für das Luftelement blaue Kerzen, für das Wasserelement grüne Kerzen und für alle Arbeiten mit dem Erdelement gelbe Kerzen. Für Arbeiten, bei denen man Wesenheiten durch den Spiegel anziehen möchte, hat es sich als äußerst wirksam erwiesen, wenn man fünf Kerzen nimmt und diese in Form eines anrufenden Pentagramms aufstellt.

Für magische Arbeiten mit Planetenkräften verwende man stets, die dem Planeten zugeordnete Anzahl von Kerzen.

Saturn
Für Saturn verwende man drei schwarze Kerzen, die in Form eines Dreiecks aufgestellt werden.

Jupiter
Für Jupiterarbeiten nehme man vier dunkelblaue Kerzen und stelle sie in Form eines Quadrates auf.

Mars
Bei Marsarbeiten sind fünf rote Kerzen vorgeschrieben, die in Form eines Pentagramms (Fünfeck) zu plazieren sind.

Sonne
Bei allen Arbeiten mit Sonnenkräften und Sonnengenien nimmt man sechs gelbe Kerzen und stellt sie in Form eines Hexagramms (Sechseck) auf.

Venus
Die Magie mit Venuskräften erfordert sieben grüne Kerzen, die man in Heptagrammform (Siebeneck) aufstellt.

Merkur
Hier sind acht orangefarbene Kerzen in der Form eines Achtecks aufzustellen.

Mond
Für Arbeiten mit lunaren Kräften, also allen Mondkräften, nimmt man neun weiße oder silberfarbene Kerzen, die in Form eines Neunecks aufzustellen sind. Bei Mondmagie habe ich gute Erfahrungen mit der Verwendung von einfachen Teelichtern gemacht.

Elementarwesen und der Poltergeisteffekt

Bei magischen Experimenten und auch bei der Spiegelmagie kann es als Begleiterscheiung magischer Phänomene zum sogenannten Poltergeisteffekt kommen. Ständig sind irgendwelche Geräusche im Haus zu hören, Gegenstände wie Uhren, Schmuck, Briefe und dergleichen verschwinden oft tagelang spurlos und tauchen dann an ganz anderer Stelle wieder auf. Gläser klirren und wackeln, Bilder fallen von den Wänden, Glühbirnen im Experimentierzimmer gehen sehr viel häufiger kaputt als andere, sogar merkwürdige Geräusche in den elektrischen Leitungen sind zu vernehmen, als wie wenn man den Strom fließen hören würde und vieles andere. Ausgelöst werden diese Phänomene durch Elementarwesen, die gemäß ihrer Natur, gerne solche Geräusche verursachen und dem Menschen auch schon mal den einen oder anderen Streich spielen. Im nächsten Kapitel beschreibe ich ausführlich ein Spiegelexperiment mit einem Erdgeist, doch davon später mehr.

Es kann mitunter recht lustig sein, wenn ahnungslose Besucher durch einen Poltergeist erschreckt werden. Ich spielte vor einiger Zeit mit einem Bekannten eine Partie Schach, als auf einmal ein Klopfen aus dem Badezimmer erklang. Kurz darauf gab es in der Küche ein lautes schepperndes Geräusch, wobei hier ein leerer Topf aus unergründlichen Motiven vom Herd auf den Boden gefallen war. Als wenn dies nicht schon ausgereicht hätte, zerplatzte kurz danach im Wohnzimmer eine Glühbirne und wir saßen mit unserem Schachspiel plötzlich im Dunkeln. Mit einem Aufschrei sprang mein Bekannter hoch und stammelte nur noch „o Gott, o Gott, o Gott", während er mir dabei vor Angst immer näher auf die Pelle rückte. Mein Bekannter brachte dies auf so komische Weise zu Ausdruck und obwohl er vor Furcht ganz überwältigt war, konnte ich mir das Lachen nicht mehr verkneifen. Ich lachte Tränen und mein zuerst so sehr erschrockener Bekannter, fiel nach einiger Zeit in mein Gelächter mit ein, wodurch sich die ganze Situation entspannte.

Die Streiche von Naturwesen sind jedoch nicht immer nur erheiternd, sondern können auch gefährliche Züge annehmen. Bei Experimenten mit Feuergeistern können gefährliche Brände, elektrische Kabelbrände, eine brennende Herdplatte, die niemand eingeschaltet hat und vieles andere auftreten. Bevor man nun jedoch zu drastischen Mitteln wie einer magischen Bannung greift, kann man es zunächst auch mit dem folgenden bewährten Spruch versuchen:

„Sylphe verschwinde,
Undine sich winde,
Salamander verglühe,
Gnom sich mühe."

Diesen Spruch muß man dreimal hintereinander laut aussprechen. Meistens schwächen sich dann die Phänomene weitgehend ab, oder verschwinden ganz. Sollten die Auswirkungen und Spukphänomene jedoch nicht zum Ende kommen, empfehle ich den Einsatz sogenannter magischer Schutzglyphen, die ich ausführlich in dem Kapitel „Das Geheimnis der magischen Schutzglyphen" beschreibe und die einen ausgezeichneten Schutz gegen astrale Einflüsse bieten.

Spiegelexperiment mit einem Erdgeist

Nachdem ich im vorherigen Kapitel schon einiges über die Spukphänomene bei magischen Experimenten mit Naturgeistern geschrieben habe, möchte ich jetzt eine solche Spiegelpraktik genauer beschreiben. Nach dem einleitenden Lichtritual hatte ich für diese Anrufung zwei Pergamente beschrieben. Auf das erste habe ich das astrologische Symbol der Jungfrau in brauner Farbe gezeichnet und auf das zweite ebenfalls in braun die Runen Othil und Ur. Die Runen habe ich mit einem Quadrat umschlossen.

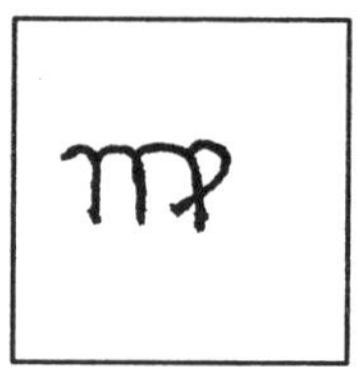

Symbol der Jungfrau

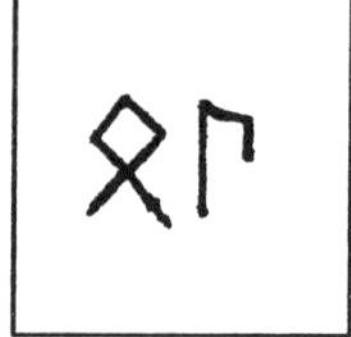

Die Runen Othil und Ur

Die Othil-Rune enthält große magische und kraftverstärkende Kräfte. Sie gilt als alle fesselnsprengende Urgewalt und fördert das Wachstum geistiger Kräfte. Sie ist gleichzeitig eine kosmische Empfangsrune und befähigt zur Aufnahme hoher astraler und mentaler Wellen. Die Ur-Rune verhilft zum Erkennen der Ursachen und fördert die Aufnahme erdmagnetischer Ströme. Sie regt die Nervenzentren von Kopf und Gehör an und stärkt darüber hinaus die odischen Strahl- und Heilkräfte.

Als Erdgeist hatte ich für meine spiegelmagische Anrufung den Gnomen „Erami" ausgewählt. Sein Siegel muß in schwarzer Farbe auf ein rundes Stück Papier oder Pergamentpapier gezeichnet werden. Zusätzlich muß man seinen Namen in lateinischer Schrift und danach im magischen Alphabet auf das Pergament übertragen.

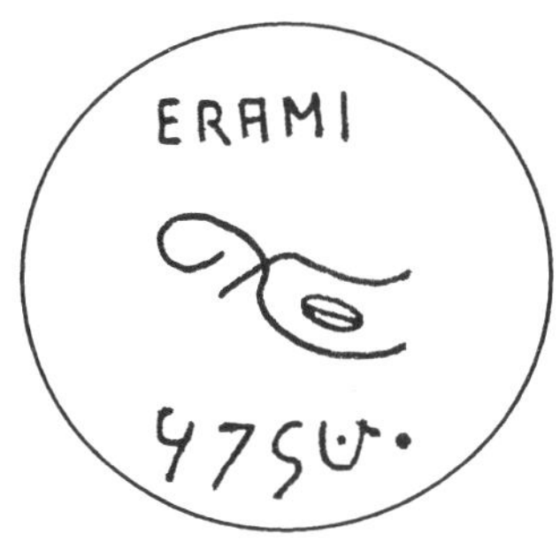

Siegel des Erdgeistes Erami

Als letztes habe ich noch ein anrufendes Pentagramm in schwarzer Farbe gezeichnet, in das ich die Runen Othil und Ur, den Namen und das Siegel von Erami, das Symbol des Sternzeichens Jungfrau, sowie ein kleines braunes Quadrat eingezeichnet habe.

Alle Pergamente habe ich doppelt hergestellt, jeweils eins davon auf die Rückseite des Spiegels geklebt und das andere vor den Spiegel plaziert. Da es sich um Erdmagie handelt, habe ich den Spiegel mit Blickrichtung nach Norden aufgestellt.

Nachdem alle Vorbereitungen getroffen wurden, zeigte ich mit der rechten Hand auf den Spiegel und habe die folgende Anrufung dreimal laut und energisch gesprochen:

1. Anrufungsformel
„Hiermit beschwöre ich im Namen von Adonai, kraft meines magischen und göttlichen Willens, die Wesenheiten des Erdelementes sich zu manifestieren."

Anschließend habe ich die zweite Formel zur Anrufung rezitiert:

2. Anrufungsformel

„Im Namen des Erdgeistes, im Namen von Pan, im Namen der Urmütter Isis und Nahema, im Namen des Erdelementes und im Namen von Foray, Sytry, Puneho, Gohor und Paymon, rufe ich dich, Erami, erscheine."

Zum Abschluß, habe ich dann die dritte und letzte Anrufung gerufen:

3. Anrufungsformel

„Bei Adonai und seinen allbeherrschenden Kräften des Universums befehle ich dir Erami, erscheine augenblicklich!"

Diese Anrufungen stammen aus der zeremoniellen Magie, und man kann an der Strenge und dem Befehlston deutlich erkennen, daß es sich um eine heutzutage eigentlich etwas unübliche Form der Beschwörung handelt. Heute wird mehr und mehr dazu übergegangen, ein feinstoffliches Wesen, mit dem man in Kontakt treten möchte, um seine Mithilfe und sichtbare Erscheinung zu bitten und dies wird in freundlichem Ton, quasi als Bitte vorgetragen. Wie dem auch sei, ich habe dieses Experiment nach der alten Schule ausprobiert, die hierzu eigentlich auch die Verwendung eines magischen Stabes vorschreibt.

Nachdem ich die Beschwörungsformeln beendet habe, setzte ich mich in vor meinen magischen Spiegel und konzentrierte mich auf die Nasenwurzel, wobei ich in Gedanken immer wieder die Formel wiederholte: „Erami, erscheine! Werde sichtbar! Erscheine, Erami!"

Schon nach kurzer Zeit blickten mich aus dem Spiegel zwei stechende Augen an. Im selben Augenblick ertönte im Zimmer ein lautes Krachen. Das stechende Augenpaar wurde jetzt durch Nebelschleier verdeckt. Auf einmal erklangen polternde Geräusche aus Küche und Badezimmer. Es war ein ständig lauter werdendes Poltern und Rumoren zu hören, während im Spiegel ein Symbol auftauchte.

1. Zeichen, das im Spiegel erschienen ist

In Gedanken fragte ich mich, ob es sich bei diesem Symbol wohl um ein anderes Siegel von Erami handelte, als auch schon ein weiteres Zeichen auftauchte.

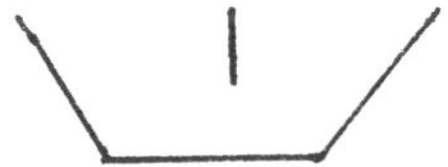

2. Zeichen, das im Spiegel erschienen ist

Nach einiger Zeit tauchte das erste Symbol wieder auf, aber diesesmal hatte es die Farbe von schmutzigem Gelb. Während ich noch das Symbol musterte, wurde das Zimmer, in dem ich mich aufhielt, immer undeutlicher, wie wenn alle Gegenstände immer mehr verschwinden würden. Die Kerze, die hinter dem Spiegel stand, fing wild an zu flackern, während die beiden anderen Kerzen ruhig weiterbrannten. Dies war ebenfalls sehr merkwürdig, da keinerlei Zugluft im Zimmer herrschte und alle Fenster und Türen geschlossen waren. Ich hatte das Gefühl, daß die ganze Situation immer beklemmender und bedrohender wurde. Nach kurzer Zeit hörte ich laute Geräusche aus der Küche, die aber schnell wieder verschwanden. Ich beendete jetzt das Experiment und sprach die Entlassungsformel.

Ich bin der festen Überzeugung, daß ich mit Erami in magischem Kontakt stand, auch wenn eine Materialisation leider nicht zustande kam und auch keine sichtbare Gestalt, bis auf die drohenden Augen, die im Spiegel auftauchten.

Spiegelschau in die Astralebene und ins Jenseits

Man kann mit dem magischen Spiegel aber nicht nur mit Naturgeistern in Kontakt treten, sondern ist ebenfalls dazu in der Lage, die geheimnisvolle Astralebene zu besuchen. Die Astralebene ist die Wohnstatt vieler verschiedener Wesenheiten. Man trifft hier auf Gedankengebilde, auf Geister von Verstorbenen, auf Elementargeister, dämonische Wesen, auf Tierseelen und unendliche viele andere Erscheinungsformen.

Die Praxis zur Spiegelschau in die Astralebene ist allerdings am Anfang nicht ganz einfach. Man muß die rhythmische Atmung beherrschen und dazu in der Lage sein, bewußt zu atmen und sich dabei vorzustellen, wie man eine bestimme Fähigkeit oder Eigenschaft mit dem ganzen Körper, also nicht nur durch Mund und Nase, sondern auch durch die Poren der Haut einatmet. Während man bewußt atmet und dabei die Atmung dennoch ruhig und entspannt fließen läßt, stellt man sich vor, wie man mit jedem Atemzug das geistige Prinzip des Universums, das Akasha in sich aufnimmt. Wenn man dies einige Minuten ausgeführt hat, beginnt man sich darauf zu konzentrieren, daß das Akasha durch die Fingerspitzen der Hände in den magischen Spiegel strömt und diesen mit geistigen Kräften auflädt.

Hat man in der obigen Praxis nach einigen Tagen des Übens genügend Erfahrung gesammelt, versuche man den eigenen Körper soweit wie möglich zu vergessen und sich nur als ungebundener Geist zu fühlen. Man stellt sich dabei vor, daß der Geist gerade die Größe besitzt, daß er dazu in der Lage ist, die Spiegelfläche als Tür in die Astralebene zu benutzen. Wenn man gedanklich durch die Tür geht, befindet man sich bereits auf der geheimnisvollen Astralebene. Man kann sich nun bei wachem Bewußtsein umschauen. Sollte man jetzt müde werden und den Zwang verspüren einzuschlafen, breche man das Experiment ab und übe an einem anderen Tag weiter. Anfangs wird man nur schwarze Schatten wahrnehmen können. Nach einigen Minuten kehre man wieder durch die Spiegeltür zurück und verbinde sich mit dem Körper. Je öfter man nun diese Astralschau wiederholt, um so heller und sichtbarer werden die Schatten werden. Die schwarzen Schatten verändern sich zu einem dunklen Grau und schließlich zu immer helleren und farbigeren Gestalten. Das Gefühl der Freiheit, Unbeschwertheit und der völligen Zeit- und Raumlosigkeit wird immer stärker werden. Niemals beende man aber einen Versuch, indem man einfach die Schau abbricht, sondern stets gehe man den Weg, den man hinter dem Spiegel getan hat, in umgekehrter Form auch wieder zurück.

Nach einiger Zeit ausdauernder Übung wird es möglich, mit allen Bewohnern der astralen Reiche in Kontakt zu treten. Konzentriert man sich beispielsweise auf einen Verstorbenen, wird man auch schon unmittelbar mit ihm in Kontakt sein. Man kann im Geist Fragen an alle Wesen stellen, alle Orte besuchen und so nach und nach die Geheimnisse dieser Ebene erkunden. Eine Warnung ist aber noch notwendig. Nicht alle Wesen dieser Ebene sind freundlich gesinnt, es gibt auch hier herrschsüchtige, bösartige und verschlagene Wesen, deren Einladung und Kontakt man auf jeden Fall ausschlagen muß. Wird ein solches Wesen bei einem astralen Kontakt zu aufdringlich, spreche man die magische Entlassungsformel, rufe in Gedanken die göttliche Macht Adonai um Hilfe und ziehe zusätzlich mehrere Schutzpentagramme in die Luft, dies wird allen üblen Spuk beenden. In einem späteren Kapitel zeige ich auch das Geheimnis der magischen Schutzglyphen, die in ihrer Wirkung noch wesentlich stärker sind als die Kraft des schützenden Pentagramms.

Die Herstellung eines magischen Zauberstabes

Es gibt eine ganze Anzahl von Vorschlägen und Anweisungen zur Anfertigung eines magischen Zauberstabes. Ich beschreibe im folgenden, eine, von jedermann leicht nachvollziehbare Gebrauchsanweisung, mit der man sich ein magisches Instrument schafft, das einem bei vielen Arbeiten gute Dienste leistet.

Vor allem ist der magische Stab das Symbol des Willens, der Kraft und der Macht des Magiers. Sobald man ihn in die Hand nimmt, richtet man seine Gedanken darauf, daß der Stab die eigenen Energiekräfte konzentriert und dazu in der Lage ist, alle Hindernisse aus dem Weg zu räumen.

Zunächst besorge man sich einen etwa zeigefingerdicken Stab mit einer Länge von ca. 30 cm. Die Dicke und die Länge des Stabes sind nicht ausschlaggebend, sondern hierbei können eigene Vorlieben Verwendung finden. Empfehlenswert ist, wenn man als Holz einen Haselnußstab wählt, aber auch dies ist dem eigenen Geschmack überlassen. Das Holz sollte nur eine angenehme Form besitzen und muß völlig laubfrei und glatt sein. Ich persönlich bevorzuge es, den Stab an beiden Enden mit etwas schwarzem Isolierband zu umwickeln, um dadurch eine bessere Grifftechnik und schöneres Aussehen zu erzielen. Wenn man möchte, kann man den Stab mit Zeichen und Symbolen versehen, dies richtet sich völlig nach dem Geschmack des Einzelnen. Empfehlenswert ist es, den Stab mit der energieverstärkenden Glyphe zu versehen, die man mit einem schwarzem Dokumentenstift auftragen kann, damit die Zeichnung nicht verwischt.

Bei einem magischen Stab ist nicht das Aussehen von Bedeutung, sondern die Aufladung mit den Willens- und Energiekräften des Magiers. Hierzu nimmt man den Stab fest in beide Hände und konzentriert sich einige Minuten fest darauf, wie die eigenen Willenskräfte in den Stab einströmen und er dadurch zu einem mächtigen und unüberwindbaren Symbol der eigenen Macht wird. Diese Aufladung sollte jeden Tag einige Minuten vorgenommen werden, damit sich die magische Ladung nach und nach verstärkt. Dies ist das Geheimnis eines Zauberstabes. Wenn der Stab nicht benötigt wird, verwahre man ihn sorgsam in schwarzer Seide, die alle Strahlungen und fremden Einflüsse absorbiert und fernhält. Je öfter und häufiger man nun seinen Stab mit der ganzen Kraft seines Willens auflädt, um so bessere Dienste wird er einem leisten.

Im folgenden Kapitel beschreibe ich ein spiegelmagisches Experiment, bei dem ich meinen magischen Stab zur Anrufung eines Wassergeistes eingesetzt habe. Man braucht aber für alle von mir beschriebenen Versuche nicht unbedingt einen Zauberstab und ich habe ihn lediglich zur Unterstützung der Anrufung und zur Verstärkung meines Willens eingesetzt.

Die Anrufung eines Wassergeists

Eine Freundin von mir, die dem Wicca Hexenkult angehört, sagte einmal zu mir, während wir gerade ein intensives Gespräch über die Magie der Spiegel und Elemente führten: „Wir Hexen benötigen nicht unbedingt das Siegel einer Wesenheit, um es zu rufen. Ein magischer Spiegel reicht uns hierbei, denn es ist möglich, durch vorherige Beschwörungen bestimmte Wesen im Spiegel zu manifestieren. Beginne zunächst mit den Vorstehern der Elemente, in dem du deren jeweiliges Anrufungspentagramm intensiv in den Spiegel imaginierst. Vergiß dabei jedoch niemals das Anrufungspentagramm nach Beendigung des Experiments langsam in Gedanken wieder zu löschen.

Mit diesen Ratschlägen konnte ich schon etwas anfangen. Als ich sie jedoch nach einer geeigneten Beschwörungsformel fragte, lachte sie nur und meinte, mit einer für sie typischen Antwort: „Du wirst die geeignete Formel schon in deinen Büchern finden." Kurzum, da es mich reizte, was meine Bekannte mir gesagt hatte, studierte und durchwühlte ich meine magische Bibliothek und fand schließlich in einem älteren Werk über die Evokationsmagie eine brauchbare Anleitung zu einer Elemente-Beschwörung. Ich beschreibe im folgenden die Einzelheiten meines Versuchs.

Die Anrufung kann entweder an einem Montag zur Mondstunde oder einem Freitag in der Venusstunde erfolgen. Voraussetzung ist jedoch, daß Vollmond herrscht und der Mond günstigerweise in einem Wasserzeichen (Krebs, Skorpion, Fische) steht, was man in jedem astrologischen Kalender nachlesen kann. Wir benötigen für dieses Experiment keine Kerzen, sondern lediglich eine kleine Petroleumlampe, deren Licht wir durch grünes Bastelpapier färben.

Wie immer, wird zunächst das esoterische Lichtritual durchgeführt. Danach zeichnen wird in grüner Farbe ein anrufendes Pentagramm. In die Mitte des Pentagramms zeichnen wir das Symbol des Wasserelementes.

Pentagramm mit Elementesymbol des Wassers

Das Pentagramm wird sorgfältig ausgeschnitten, unter guter Konzentration eingeodet und danach auf der Rückseite des Spiegels angebracht. Der magische Spiegel wird dann mit Blickrichtung nach Westen aufgestellt. Nun stellt man sich vor den Spiegel und nimmt, soweit vorhanden, seinen magischen Stab in die rechte Hand. Die Spitze des Stabes muß direkt auf die Spiegelfläche zeigen, ansonsten kann man aber auch die Spitze des Zeigefingers der rechten Hand auf die Spiegeloberfläche richten. Nun zieht man dreimal hintereinander das anrufende Pentagramm des Wassers, das man sich in grüner Farbe vorstellt, mit der Fingerspitze oder dem Zauberstab kurz vor der Spiegelfläche.

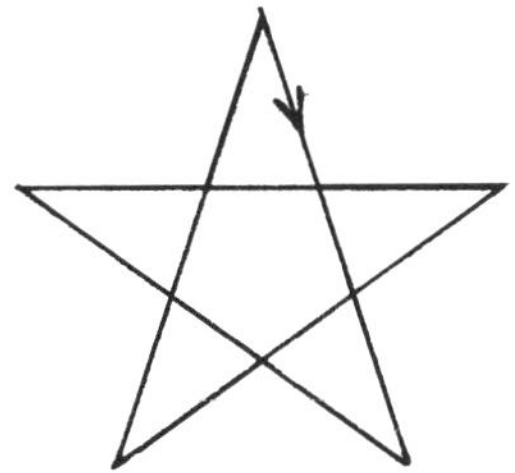

Anrufendes Pentagramm des Wasserelementes

Während man das Symbol in der Luft ausführt, ruft man dreimal die Namen der beiden Wassergenien Tharsis und Nichsa. Nachdem man die Namen dreimal ausgesprochen hat, rezitiert man die folgende magische Anrufungsformel:

„Invoco te ! Invoco te ! Invoco te !
Creatura aquae per Nomen Tharsis ! Tharsis ! Tharsis !
Nichsa ! Nichsa ! Nichsa !
Aramael – Lerael – Aquiel – hoda ada vela rhaham, ada, elim kaa.
Uhua – Eha – Ala – cham belecher, cham !"

Diese Worte muß man siebenmal aussprechen und dabei das Spiegelbild beobachten. Wenn sich keine besonderen Erscheinungen zeigen, wiederhole man die Formel nochmals siebenmal. Allerdings nicht öfter als insgesamt sieben mal siebenmal.

Als ich diese Anrufung das erste mal durchgeführt habe, bemerkte ich, wie der Spiegel in blaugrüner Farbe zu leuchten begann. Ich hielt währenddessen unverändert und konzentriert weiter meine Spiegelschau ab. Die nun folgenden Erscheinungen einer Wasseroberfläche, die sich aus dem Spiegelbild herausschälten und bevölkert war mit unglaublichen Erscheinungen, werde ich wohl nie mehr vergessen. Ich möchte jedoch nichts näheres hierzu schreiben, da es sich um ein sehr intimes Erlebnis handelte. Jeder der Willens ist und die notwendige Ausdauer besitzt, kann nach den obigen Ausführungen das magische Experiment nachvollziehen.

Nach Beenden der Anrufung, nahm ich den magischen Stab wieder in die rechte Hand und zog das bannende Pentagramm des Wassers insgesamt dreimal hintereinander, dabei in Gedanken allen angerufenenen Wesen für ihre Anwesenheit dankend und sie verabschiedend.

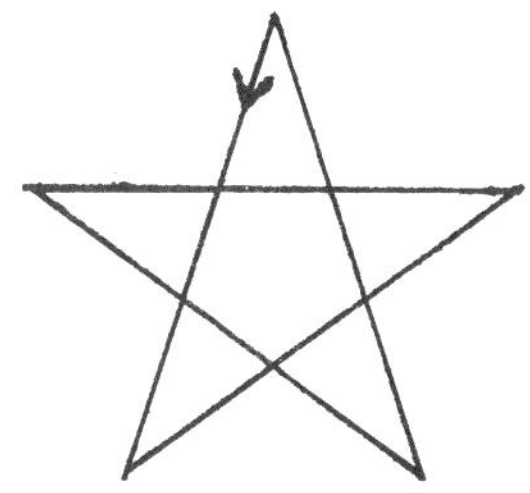

Bannendes Pentagramm des Wasserelementes

Ich sprach jetzt die folgende Entlassungsformel:

„Ich danke euch, Geschöpfe des Wassers,
kehret in Frieden, in euer Element zurück.
Ona – Om – Ha – Roa.
Per Nomen Tharsis et Nichsa – anra kaa !"

Auch diese Formel ist dreimal zu wiederholen. Nachdem die Abdankungsformel zum dritten Mal ausgesprochen ist, werden alle Erscheinungen und Geräusche verschwunden sein.

Über den magischen Kreis

Der magische Kreis dient dazu, den Magier während seiner Experimente und besonders in der zeremoniellen Magie bei Anrufungen von unsichtbaren Wesen vor allen Gefahren zu schützen. Jeder magische Kreis erfüllt stets seinen Zweck, ob er nun einfach oder kompliziert ausgearbeitet ist. Das Bilden und Ziehen des magischen Kreises, hängt stark von der Erfahrung eines jeden einzelnen ab.

Zunächst muß ein magischer Kreis groß genug sein, daß man sich in ihm frei bewegen kann. Es muß möglich sein, seine Versuche auszuführen, ohne daß man auf die Kreisumrandung tritt, oder diese gar überschreitet. Der Kreis kann entweder mit Kreide auf den Fußboden gezeichnet, oder mit dem magischen Stab in der Luft um sich herum gezogen werden. Papa Shanga, der bekannte Voodoomagier, arbeitet mit magischen Kreisen, die er mit Maismehl ausstreut. Ich bin der Meinung, daß es gerade für Anfänger sehr vorteilhaft ist, wenn man mit einem sichtbaren Kreis arbeitet, was der eigenen Konzentration sehr zugute kommt und nicht die Gefahr birgt, aus Versehen über die Kreismarkierung zu treten. Dies hebt die Schutzwirkung des Kreises auf und kann sehr gefährlich werden, was ich aus eigener Erfahrung bestätigen kann.

Wie beim magischen Stab, ist auch beim Ziehen des Kreises die nötige Konzentration und Einstellung das wichtigste. Den Kreis zeichnet man unter starker Konzentration auf den Boden, während man sich dabei verinnerlicht, daß keine Macht der Welt in der Lage ist, diesen Schutzkreis zu durchdringen. Mehrmaliges Nachzeichnen des Kreises und entsprechende Konzentration auf die Unverletzbarkeit und Unberührbarkeit des Kreises verstärken dessen Wirkung. Je nach Geschmack und Glauben, kann man ihn mit schützenden Symbolen oder Runen, mit Engelnamen und vielem mehr versehen. Anfangs genügt es aber, lediglich einen Kreis ohne Symbole zu verwenden.

Die Erscheinung eines Saturngeistes

Das folgende magische Saturnpentakel habe ich dem Buch: „Der Schlüssel Solomon" von MacGregor Mathers (erschienen im Verlag Richard Schikowski, Berlin) entnommen. Das Pentakel eignet sich sehr gut bei nächtlichen Spiegelexperimenten mit Saturnwesen und ist am besten in einer Samstagnacht zu verwenden.

Pentakel des Saturn

Die Zeichen an den Enden des mystischen Rades sind Siegel von Saturnwesen und aus dem magischen Quadrat des Saturn abgeleitet. Außerdem stehen auf hebräisch die Namen der Engel: Omeliel, Anachiel, Arauchiah und Anazachiah im äußeren Kreis. Da das hebräische Alphabet von rechts nach links geschrieben wird, sind auch alle Namen von rechts nach links angegeben.

Das Saturn-Pentakel wird an einem Samstagabend, wenn der Mond zunimmt oder Vollmond herrscht, in einer Saturnstunde hergestellt. Im folgenden Kapitel gehe ich näher darauf ein, wie man sehr leicht die entsprechende Planetenstunde berechnen kann.

Zunächst wird wieder das esoterische Lichtritual ausgeführt und drei Kerzen links, rechts und hinter dem Spiegel plaziert. Mit dem magischen Stab in der Hand (oder auch den erhobenen Schwurfingern der Rechten) spricht man dreimal die folgende Beschwörung:

„Hiermit beschwöre ich, im Namen von Adonai,
kraft meines magischen und göttlichen Willens,
die Wesenheiten der Saturnsphäre sich zu manifestieren."

Nun kann man das Saturn-Pentakel in schwarzer Farbe auf ein rundes Stück Papier oder Pergament zeichnen. Auch hier darf das Einoden nicht vergessen werden.

Nachfolgend gebe ich, eine von mir durchgeführte magische Anrufung an und zitiere dabei aus einem meiner magischen Tagebücher:

Sonnabend, der 07.10.1997.
Zunehmender Mond, bzw. ein Tag vor Vollmond. Der Mond steht im Tierkreiszeichen Fische. Ich werde ein Saturn-Pentakel herstellen und für die Spiegelmagie verwenden.

Sonnenaufgang ist um 6:31 Uhr und Sonnenuntergang um 17:44 Uhr. Eine Saturnstunde beginnt heute um 19:52 Uhr und endet um 20:56 Uhr. Ich beginne kurz vor acht Uhr mit dem esoterischen Lichtritual und fertige danach das Pentakel. Das Experiment verlief sehr enttäuschend, und bis auf die bekannten Phänomene und das mehrmalige Verschwinden meines Gesichts im Spiegel, konnte ich nichts außergewöhnliches feststellen. Um 20:46 Uhr habe ich das Experiment beendet und die Entlassungsformel gesprochen. Ich ging in die Küche und wollte mir gerade mein Abendbrot bereiten und war mit meinen Gedanken bereits beim Essen, als ich plötzlich das starke Gefühl hatte, als ob jemand hinter mir stehen und mich beobachten würde. Erschrocken drehte ich mich um und sah eine große, helle

Gestalt in der Badezimmertür stehen. Automatisch stockte mein Fuß und ich machte unwillkürlich einen Schritt zurück. Gebannt und gleichermaßen fasziniert, sah ich immer noch die große Gestalt, deren Umrisse immer undeutlicher wurden. Es war einwandfrei ein Wesen, das nun immer schwächer werdend vor mir stand. Ich weiß nicht wie lange ich so gestanden habe, auch glaube ich, daß ich aufgehört habe in diesem Moment zu atmen. Es schoß mir durch den Kopf, hier ist eine sichtbare Erscheinung eines Saturnwesens. Nach kurzer Zeit verblaßte die Gestalt zunehmend und verschwand vollends. Erleichtert und zugleich immer noch etwas beunruhigt, versuchte ich mir das Geschehen ins Gedächtnis zurückzurufen, aber die undeutlichen und unscharfen Umrisse der Gestalt hatten leider keine näheren Rückschlüsse ermöglicht. Dieses Erlebnis verfolgte mich noch eine ganze Weile. Auf der einen Seite war ich erleichtert, daß die Erscheinung wieder verschwunden war, auf der anderen Seite hätte ich sie gerne länger beobachtet, vielleicht mich sogar mit ihr zu unterhalten versucht, aber ich war nicht dazu in der Lage gewesen, auch nur einen klaren Gedanken zu fassen.

Der Einfluß der Planetenstunden auf die Spiegelmagie

Anhand der nachfolgenden Tabelle kann man leicht den dominierenden Tages- und Stundenplaneten ablesen und bei seinen magischen Experimenten berücksichtigen.

Jeder Wochentag wird von einem bestimmten Planeten regiert. Anhand der Tabelle sieht man, daß die Reihe der Planetenstunden so angeordnet ist, daß der Planetenherrscher des betreffenden Tages auch immer der Herrscher der ersten Stunde dieses Tages ist.

Tabelle der Tagesregenten

Stunde	**Sonntag**	**Montag**	**Dienstag**	**Mittwoch**	**Donnerstag**	**Freitag**	**Samstag**
1	Sonne	Mond	Mars	Merkur	Jupiter	Venus	Saturn
2	Venus	Saturn	Sonne	Mond	Mars	Merkur	Jupiter
3	Merkur	Jupiter	Venus	Saturn	Sonne	Mond	Mars
4	Mond	Mars	Merkur	Jupiter	Venus	Saturn	Sonne
5	Saturn	Sonne	Mond	Mars	Merkur	Jupiter	Venus
6	Jupiter	Venus	Saturn	Sonne	Mond	Mars	Merkur
7	Mars	Merkur	Jupiter	Venus	Saturn	Sonne	Mond
8	Sonne	Mond	Mars	Merkur	Jupiter	Venus	Saturn
9	Venus	Saturn	Sonne	Mond	Mars	Merkur	Jupiter
10	Merkur	Jupiter	Venus	Saturn	Sonne	Mond	Mars
11	Mond	Mars	Merkur	Jupiter	Venus	Saturn	Sonne
12	Saturn	Sonne	Mond	Mars	Merkur	Jupiter	Venus

Was viele Magier vergessen oder übersehen, ist, daß die erste Stunde nicht um 0:00 Uhr beginnt, sondern stets mit dem Sonnenaufgang. Da die Sonne nun zu verschiedenen Zeiten auf- und untergeht, abhängig von den jeweiligen Jahreszeiten, sind auch die Planetenstunden nicht immer 60 Minuten lang. Aus diesem Grund muß man den Zeitpunkt des Sonnenauf- und Untergangs minutengenau wissen. Dies ist jedoch sehr leicht zu erfahren und kann in vielen

Tageszeitungen und astrologischen Kalendern nachgelesen werden. Sogar einige Bildschirmtexte im TV bieten dies an.

Zur Berechnung der Dauer einer Planetenstunde, zählt man die Minuten von Sonnenaufgang bis Sonnenuntergang und teilt sie einfach durch zwölf. Dieses Ergebnis zeigt dann die Dauer einer Planetenstunde an diesem Tag. Ich möchte dies an einem Beispiel kurz verdeutlichen. Angenommen, die Zeit von Sonnenaufgang bis Sonnenuntergang beträgt 8 Stunden und 24 Minuten. Dies ergibt 504 Minuten, die man durch zwölf teilt und dadurch die Dauer von 42 Minuten pro Planetenstunde erhält. An einem Sonntag bedeutet dies, daß die erste Stunde, die der Sonne unterstellt ist, 42 Minuten andauert und danach für 42 Minuten die Venus alle Geschicke bestimmt usw.

Tabelle der Nachtregenten

Stunde	**Sonntag**	**Montag**	**Dienstag**	**Mittwoch**	**Donnerstag**	**Freitag**	**Samstag**
1	Jupiter	Venus	Saturn	Sonne	Mond	Mars	Merkur
2	Mars	Merkur	Jupiter	Venus	Saturn	Sonne	Mond
3	Sonne	Mond	Mars	Merkur	Jupiter	Venus	Saturn
4	Venus	Saturn	Sonne	Mond	Mars	Merkur	Jupiter
5	Merkur	Jupiter	Venus	Saturn	Sonne	Mond	Mars
6	Mond	Mars	Merkur	Jupiter	Venus	Saturn	Sonne
7	Saturn	Sonne	Mond	Mars	Merkur	Jupiter	Venus
8	Jupiter	Venus	Saturn	Sonne	Mond	Mars	Merkur
9	Mars	Merkur	Jupiter	Venus	Saturn	Sonne	Mond
10	Sonne	Mond	Mars	Merkur	Jupiter	Venus	Saturn
11	Venus	Saturn	Sonne	Mond	Mars	Merkur	Jupiter
12	Merkur	Jupiter	Venus	Saturn	Sonne	Mond	Mars

Die Planetenstunden in der Nacht sind immer so angeordnet, daß der Regent (Herrscher) des betreffenden Tages immer die dritte und zehnte Stunde von Sonnenuntergang an beherrscht. Auch hier wird die Dauer einer Planetenstunde wieder berechnet, indem man einfach die Anzahl der Minuten von Sonnenuntergang bis zum Sonnenaufgang errechnet und wieder durch zwölf teilt.

Ich möchte im nachfolgenden noch kurz auf die astrologisch überlieferten Bedeutungen und Anwendungen der einzelnen Planeten eingehen.

Mondmagie ist günstig für alle Traumarbeiten, Astralreisen, Orakeldeutungen, für Beeinflussungen, für Spiegel- und Kristallmagie, zur Sexualmagie, zum Schwangerschaftszauber und für vieles mehr. Mondgenien sind in der magischen Praxis sehr leicht anzurufen und reagieren besonders gut auf Praktiken der Spiegelmagie.

Sonnenmagie steht für alle aktiven Prozesse, für persönliches und geschäftliches Durchsetzungsvermögen und Erfolg. Sonnenarbeiten vermögen die Gesundheit und Vitalität zu verbessern, dienen dem Erwerb von Wissen und stärken die Lebensqualität. Sonnengenien sind bei ihrer Anrufung sehr mächtig und aggressiv und mögen keinerlei Zwangsmaßnahmen.

Merkurmagie eignet sich für talismanische Magie und die Arbeit mit Talismanen, Amuletten, Spiegeln und Kristallen. Merkurkräfte stärken die Gesundheit und sprachlichen Fähigkeiten, fördern literarisches und dichterisches Können und sind für alle Reisen und Ortsveränderungen hilfreich, ebenso unterstützen sie alle Wahrheitszauber.

Marsmagie steht für alle aggressiven und zerstörerischen Arbeiten. Marsrituale können für Schadenszauber, Angriffszauber aber auch Schutzrituale eingesetzt werden. Die Genien des Mars sind noch wilder und unbändiger als die Sonnengenien, und besonders die negativen Intelligenzen können Zerstörungen und Feuer verursachen. Niemals arbeite man mit Marsgenien, wenn man sich in Zorn oder Wut befindet.

Venusmagie steht für alle Zauber der Anziehung und Liebe, für Harmonie und Schönheit. Alle antiken Schönheitszauber unterstanden dem Einfluß dieses Planeten. Rituale der Venus unterstützen vorhandene künstlerische Fähigkeiten, sind für alle Liebes- und Trennungszauber hilfreich und aktivieren sowohl die positive als auch negative Gefühlswelt des Menschen. Die Genien der Venus, insbesondere die Wesen der sexuellen Sphäre reagieren ebenfalls leicht auf magische Anrufungen, versuchen aber meist Einfluß auf den Magier zu gewinnen. Wer seine sexuellen Triebkräfte nicht beherrscht, sollte nur mit ihren positiven Genien arbeiten.

Jupitermagie fördert Fülle und Reichtum, eignet sich für Geld- und Glückszauber und verhilft zu Ansehen und Wohlstand. Jupitergenien gehören zu den am meisten angerufenen Wesen. Ihre positiven Wesen stehen dem Menschen freundlich gegenüber, auch wenn sie nicht in allen Fällen helfen können oder dürfen.

Saturnmagie dient dem Erlangen von Wissen und Weisheit, der Meditation und Kontemplation. Saturnkräfte stärken die Konzentration und sind die Hüter der magischen Einweihung und des Karmas. Alle Verfehlungen, die ein Mensch im Lauf seiner Inkarnationen auf sich geladen hat, werden durch die Genien des Saturn geahndet. Die Wesen des Saturn sind neben den Sonnenwesen die stärksten und am schwersten zu beherrschenden Kräfte. Besonders in der Samstagnacht reagieren sie sehr leicht auf spiegelmagische Versuche und verursachen durch ihre starke Präsenz und Materialisation viele unheimliche Phänomene.

Die Berechnung der Tattwa-Schwingungen

Die Tattwas Feuer, Wasser, Luft, Erde und Akasha bestimmen in ihrem Zusammenwirken das Wesen des Universums. Immer dominiert eines von ihnen und prägt dadurch seine Umwelt. Man sagt dann, die Welt schwingt in dem betreffenden Tattwa. Die Elementarkräfte der Tattwas sind Modifikationen des großen Weltatems, sie sind Vibrationen des Uräthers und schwingen in einem Rhythmus von jeweils 24 Minuten. Somit wird alle zwei Stunden der Kreislauf der fünf Tattwas geschlossen. Den pausenlosen tattwischen Reigen leitet stets das Akasha-Tattwa im Augenblick des Sonnenaufganges ein. Für alle magischen Arbeiten hat es sich als außerordentlich wirksam erwiesen, neben den Planetenstunden auch die Abfolge der tattwischen Schwingungen zu berücksichtigen. Dies ist eines der Geheimnisse der praktischen Magie und nur den wenigsten Menschen bekannt. Viele magische Arbeiten und Experimente scheitern nicht nur an den fehlenden okkulten Fähigkeiten des Magiers, sondern mehr noch an der Unkenntnis und Außerachtlassung der Planetenstunden und der tattwischen Schwingungen.

Also an jedem Tag, punktgenau mit dem Aufgang der Sonne, beginnt das Akasha-Tattwa 24 Minuten lang zu wirken. Danach wird es wiederum für 24 Minuten vom Vayu-Tattwa (dem Luftelement) abgelöst. Danach schwingt für den gleichen Zeitraum alles im Tejas-Tattwa (Feuerelemet), darauf folgt das Apas-Tattwa (Wasserelement) und die letzten 24 Minuten gehören dem Prithivi-Tattwa, also dem Erdelement. Anschließend beginnt der kosmische Reigen in der gleichen Reihenfolge Akasha – Vaya – Tejas – Apas – Prithivi von vorne.

Das Akasha-Tattwa (Ätherprinzip) ist günstig für Meditationen und Vorgänge der Verinnerlichung und ist dem Planeten Saturn zugeordnet.

Vayu, das Luftelement begünstigt alle Arbeiten, die einem schnellen Wechsel unterliegen und ist dem Planeten Merkur zugehörig.

Das Feuerelement Tejas ist für alle kraftvollen, aktiven und expansiven Tätigkeiten geeignet und folglich den Planeten Sonne und Mars unterstellt.

Das Apas-Tattwa (Wasserelement) beeinflußt das Gefühlsleben und alle Flüssigkeiten sowohl beim Menschen als auch auf der ganzen Erde. Apas ist den Planeten Mond und Venus zugeordnet.

Das letzte Tattwa Prithivi, das Erdelement ist das erhaltende und bewahrende Prinzip und für alle bodenständigen Tätigkeiten wie Bauen, Ernten, Säen zuständig. Alle Vorhaben, die lange Bestand haben sollen, sind unter diesem Tattwa durchzuführen. Prithivi wird dem Planeten Jupiter zugerechnet.

Allein das Wissen über die fünf Tattwas ist so umfangreich, daß man hierüber eigene Bücher schreiben könnte. Für die Spiegelmagie ist jedoch lediglich wichtig, daß man Experimente, die mit planetarischen Kräften und Wesen arbeiten, zur Steigerung der Wirkungen und Ergebnisse am besten im jeweiligen Tattwa beginnen soll. Dies bedeutet nun nicht, daß man jedes Spiegelexperiment von einer Planetenstunde und dem jeweiligen Tattwa abhängig machen muß. Ich habe anfangs auch die meisten Versuche ohne die Beachtung dieser Kräfte durchgeführt. Es hat sich jedoch deutlich gezeigt, daß, wenn man Genien der verschiedenen Planeten im magischen Spiegel beobachten möchte, die Berücksichtigung von Stunde und Tattwa sehr hilfreich sind.

Dämonen-Experiment

Zusammen mit zwei Freunden von mir, Peter K. und Karsten R. hatte ich vor, ein besonderes Spiegelexperiment durchzuführen. Erwähnen muß ich noch, daß Karsten ein totaler Skeptiker ist, was alles Magische betrifft. Er gab mir wörtlich zu verstehen: „An Geister und so was, glaube ich nicht. Ich lasse mich aber gerne eines besseren belehren, obwohl ich es mir ehrlich gesagt, nicht vorstellen kann, daß Spiegelmagie, Geisterbeschwörungen und ähnliches überhaupt funktioniert. Wie gesagt, ich glaube nicht an diese Dinge, mache aber gerne mal eine Spiegelschau mit.“ Dies war seine offene und ehrliche Meinung. Nun gut, da wir also drei Personen waren, lag es auf der Hand, daß wir den Planeten Saturn einbezogen. Außerdem war an diesem Tage Vollmond und der Mond stand im Luftzeichen Waage.

Die Pergamente, die wir für diesen Versuch benötigten, hatte ich schon eine Woche vorher hergestellt. Am Samstag in der Saturnstunde und im Akasha-Tattwa vollzog ich zunächst das esoterische Lichtritual. Die Pergamente hatte ich dreieckig ausgeschnitten und zusätzlich, drei dem Saturn zugeordnete Onyxe besorgt. Auf die Pergamente hatte ich die Erdrune Othil und das Saturnsymbol gezeichnet

Othil-Rune Saturnsymbol

Als Anrufungssiegel verwendete ich die magischen Sigille von Luzifer als oberstem Herrscher des Saturn, sowie die Siegel der Saturn-Dämonen Zaphkiel und Nabam.

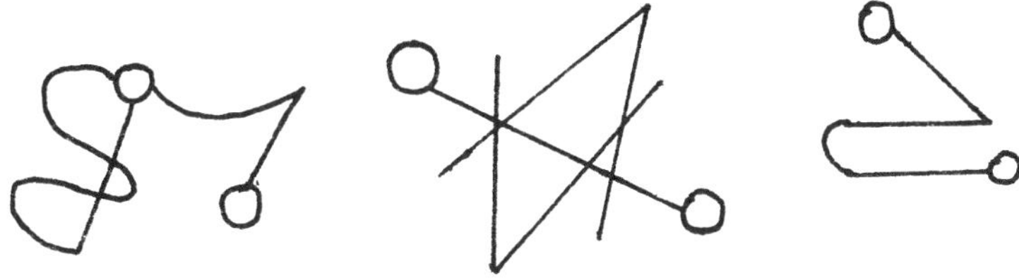

Siegel von Luzifer Siegel von Zaphkiel Siegel von Nabam

Die Siegel der drei Dämonen zeichnete ich einzeln, jedes für sich auf ein Pergament. Dazu schrieb ich den entsprechenden Namen der Wesen in schwarzer Tusche und schnitt die Pergamente dreieckig aus. Zum Schluß wurden alle Siegel sorgfältig von mir eingeodet.

Das Experiment fand in einer Vollmondnacht statt, und ich arbeitete absichtlich ohne magischen Kreis. Für die Anrufung hatte ich meinen Stab bereitgelegt und kurz vor 23:00 Uhr habe ich mit dem esoterischen Lichtritual begonnen. Die Kerzen waren wie gewohnt angeordnet, und mit dem jetzt in der rechten Hand erhobenen Stab, habe ich die folgende Beschwörung dreimal laut und energisch ausgesprochen, während ich dabei unverwandt in den Spiegel sah:

„Hiermit beschwöre ich im Namen von Adonai,
kraft meines magischen und göttlichen Willens,
die Wesenheiten der Saturnsphäre sich zu manifestieren."

Während der folgenden kurzen Pause habe ich mich noch stärker konzentriert und die zweite Anrufungsformel gesprochen.

„Ersurgant mortui, et ad me veniant !
Ihr höllischen Mächte, die ihr Verwirrung in die Welt gebracht habt,
verlaßt eure finstere Wohnstätte.
„Ersurgant mortui, et ad me veniant !

Die zweite Formel habe ich laut und deutlich noch zweimal wiederholt. Nach einer erneuten kurzen Pause der Konzentration, rief ich laut die dritte Anrufung:

„Terribilis Lucifer, veni !
Terribilis Nabam, veni !
Terribilis Zaphkiel, veni !

Auch diese Beschwörung zur Anrufung der drei mächtigen Saturndämonen habe ich insgesamt dreimal wiederholt. Ich legte nun den magischen Stab zur Seite und Peter, Karsten und ich begannen jetzt mit der eigentlichen spiegelmagischen Schau. Wir setzten uns so vor den Spiegel, daß wir alle drei genau mein Gesicht im Spiegel sehen konnten. Während wir uns gemeinsam auf meine Nasenwurzel im Spiegel konzentrierten, begann nach einiger Zeit die Spiegelfläche schwarz zu werden und es zeigten sich kurz darauf mehrere fremde Gesichter. Diese Gesichter im Spiegel wechselten in rascher Folge ab und mein eigenes Gesicht erschien wieder. Doch wie verändert war mein Blick, und meine Augenfarbe wechselte von weiß zu blutrot. Plötzlich, und ich muß sagen, wir erschraken alle etwas, glotzten uns drei böse und dämonisch aussehende Augenpaare aus dem Spiegel heraus an. Ich bekam eine Gänsehaut und begann zusätzlich zu frieren, während Peter vor dem unheimlichen Bild zurückschreckte und dadurch meine Konzentration unterbrach. Karsten sah unterdessen staunend weiter in den Spiegel, bis er auf einmal schreckerfüllt von dem Spiegel zurückwich und meinen Namen rief. Als ich ihn nach seiner Schau fragte, sagte er folgendes zu mir: „Die Spiegelfläche ist zunächst dunkel geworden, doch dann trat eine dämonische Fratze hervor, mit stechend roten Augen und einem spitzen, feuerroten Gesicht. Das Gesicht hatte eine entsetzliche Ausstrahlung und hat mir eine furchtbare Angst eingejagt."

Wir beruhigten jetzt erst einmal unsere etwas angeschlagenen Nerven und legten erst einmal eine Pause ein. Wir verabredeten, daß nur Karsten, der ja an so was nicht glaubte und ich das Experiment fortsetzen wollten. Peter hatte zunächst einmal genug von dem Ganzen und setzte sich etwas abseits, damit er nicht mehr in den Spiegel schauen mußte. Karsten und ich konzentrierten uns jetzt wieder auf mein Gesicht und fast schlagartig verschwand dieses wieder im Dunkel und die Spiegelfläche wurde abrupt schwarz. Schlagartig erschien wieder ein schreckliches teuflisches Antlitz mit feuerroten Augen. Die Augen eines Dämons stierten uns grausam und böse an. Abermals erschraken wir vor dieser unheimlichen Erscheinung und zuckten gleichzeitig zurück. Wir begannen jetzt auch regelrecht zu frieren, denn ein kalter Hauch schien von dem Spiegel auszugehen.

Karsten und ich begannen nun, heftig über unser Erlebnis zu debattieren. Wir hatten haargenau die gleiche Erscheinung im Spiegel gesehen. Uns fiel jetzt auch auf, daß eines der drei Pergamente mit den Dämonensiegeln nicht mehr an seinem Platz lag. Ich hatte das Sigill direkt vor den Spiegel gelegt und nun lag es etwa zwanzig Zentimeter vom Spiegel entfernt. Es handelte sich hierbei um das Pergament von Nabam, dem obersten Dämonen der Saturnsphäre. Das Siegel konnte durch keine Zugluft weggeweht worden sein, denn sämtliche Türen und Fenster waren fest geschlossen und im Zimmer herrschte keinerlei Luftzug. Der eisige Hauch, den wir verspürten, hatte sich einzig auf die Spiegelfläche konzentriert.

Karsten sagte zu mir, daß ihm total unheimlich zumute sei und er zunächst einmal lieber nicht mehr in den Spiegel schauen wollte. Da ich unbedingt mit dem interessanten Versuch fortfahren wollte, setzte sich nun auch Karsten etwas abseits und ich machte alleine weiter. Ich konnte jedoch zunächst nichts besonderes wahrnehmen, es zeigten sich nur die bekannten Phänomene, in dem die Spiegelfläche schwarz wurde und mein Gesicht verschwand, also alles bekannte Vorgänge. Plötzlich sah ich, wie unvermittelt aus den Augen meines Spiegelbildes rote, unförmige Gebilde aufstiegen, nach oben schwebten und sich dort auflösten. Fasziniert beobachtete ich das Geschehen, während immer mehr „wolkenartige" Gebilde an die Oberfläche des Spiegels trieben, weiter nach oben schwebten und sich hier langsam auflösten. Nach kurzer Zeit schwebte eine dieser eigenartigen Wolken auf die linke Seite des Spiegels zu. Doch anstatt sich hier aufzulösen, trat dieses Gebilde langsam aus dem Spiegel heraus. Ich konnte richtig sehen, wie es die Spiegelfläche verließ, für einen Moment im Zimmer hing und sich dann rasch auflöste. Ich fühlte jetzt eine Eiseskälte im ganzen Zimmer aufkommen. Gleichzeitig bestätigte mir Karsten, daß auch er, unabhängig von mir, das Absinken der Temperatur bemerkt hatte. Peter der bisher geschwiegen hatte, gab an, daß er das starke Gefühl habe, daß sich etwas total bösartiges hier aufhalte.

Eine der drei Kerzen begann nun noch wie wild zu zucken und zu flackern, während die anderen beiden ruhig weiterbrannten. Als das Flackern nach etwa einer Minute aufhörte, vernahmen wir aus der Küche eigenartig schleifende Geräusche, die sich wie unsichere Schritte anhörten. Wir hatten alle drei den Eindruck, daß sich diese Schritte unserem Zimmer näherten. Es wurde uns nun doch sehr eigenartig zumute und gemeinsam beschlossen wir, daß Experiment abzubrechen.

Ich sprach jetzt dreimal hintereinander die Entlassungsformel aus und dachte, daß damit der Spuk ein Ende hätte. Erstaunt stellte ich fest, daß es mittlerweile Viertel vor zwei Uhr in der Nacht war. Wir hatten völlig die Zeit vergessen. Etwas ermüdet entspannten wir uns, während die drei Kerzen ruhig weiterbrannten. Auf einmal, ganz plötzlich wurde es wieder kalt im Raum. Peter meinte: „Da ist immer noch etwas da, das uns gefährlich werden kann." Auch Karsten und ich konnten ihm nur zustimmen. Mir wurde erst jetzt richtig bewußt, daß wir mit sehr starken Kräften gespielt hatten und diese durch das Entlassungsritual nicht losgeworden waren. Peter und Karsten steigerten sich nun immer mehr in ihre Angst hinein, während bei mir zunächst noch die Faszination des Unbekannten dominierte. Als es aber jetzt auch noch anfing, trotz der drei brennenden Kerzen immer dunkler im Zimmer zu werden und das beklemmende Gefühl immer stärker wurde, war auch bei mir ein Punkt erreicht, an dem mir bewußt wurde, daß ich etwas unternehmen mußte.

Ich rief nun dreimal laut und vernehmlich hintereinander:

„Adonai ist stärker als alle Wesen.
Im Namen von Adonai, weichet von mir ihr bösen Mächte."

Anschließend wiederholte ich noch eine weitere, starke magische und in Latein gehaltene Bannformel:

„Terra pestem teneto – salus hic maneto !"

Dies bedeutet in etwa: „Die Erde soll das Böse festhalten, während das Gute hierbleiben soll." Wichtig war, wie man mir mitgeteilt hatte, daß diese Formel in lateinischer Sprache gesprochen werden muß, da sie ansonsten nicht wirken würde. Zur Sicherheit rief ich noch dreimal den kabbalistischen Namen Gottes „Jod He Vau He", während ich mit meinem magischen Stab dabei mehrere bannende Pentagramme in die Luft zog.

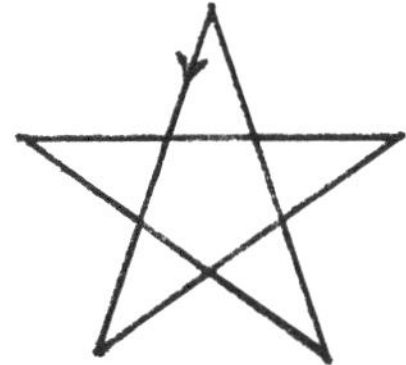

Bannendes Pentagramm

Nach dem Aussprechen der Formeln und den in die Luft gezeichneten Pentagrammen schoß ein länglicher dunkler Schatten aus der Ecke hervor, in der ich saß. Ich beobachtete fassungslos, wie der Schatten direkt auf das Gesicht von Karsten zuraste. In diesem Augenblick zuckte Karsten auch schon erschreckt zusammen und wich ein Stück zur Seite. Der unheimliche Schatten wischte knapp an ihm vorbei, flog noch ein Stück weiter und verschwand in der Zimmerwand. Die Wand blitzte kurz ein paarmal hell auf und dann war der Spuk zu Ende. Die Kälte verschwand nun rasch und es wurde wieder wärmer im Zimmer. Wir atmeten auf, denn das während der ganzen Zeit vorhandene Gefühl einer massiven Bedrohung war ebenfalls von uns gewichen und wir fühlten, daß die dämonische Erscheinung endgültig verschwunden war. Peter erzählte uns nun von seinen Eindrücken und bestätigte, daß auch er den dunklen Schatten deutlich wahrgenommen hatte. Ich zündete jetzt die Hilfskerze an und löschte nacheinander mit meinen Fingern die anderen drei Kerzen, die um den Spiegel herum gruppiert waren. Danach schaltete ich das elektrische Licht wieder ein und löschte auch die Hilfskerze.

Wir hatten jetzt kurz nach 2:00 Uhr in der Frühe und Peter, Karsten und ich unterhielten uns noch einige Zeit über die geschauten unheimlichen Vorgänge. Karsten bemerkte noch, daß er dieses Erlebnis von heute Nacht sein ganzes Leben lang wohl nicht mehr vergessen würde. Das Ereignis hatte ihn fasziniert und tief beeindruckt.

Experimente mit der Saturnwesenheit Nabam

Nach einem bestimmten Ritual, welches ich aus persönlichen Gründen nicht näher erörtern möchte, stellte ich mir das folgende Evokationssiegel von Nabam her.

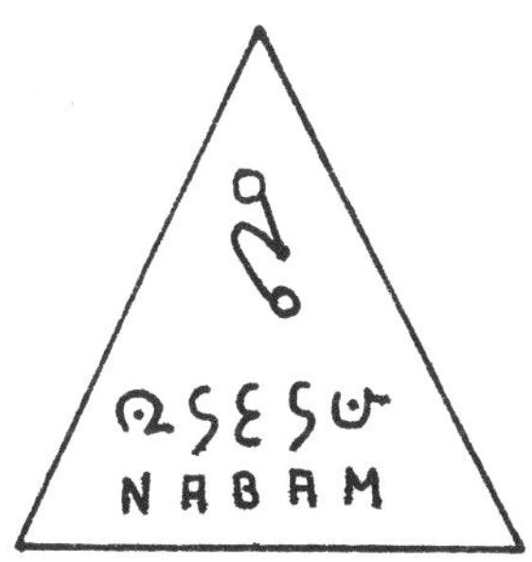

Mein Siegel von Nabam

Ich hatte vor, mit Nabam einige weitere Experimente durchzuführen, da ich glaubte, daß diese Wesenheit für die nächtlichen Spukphänomene verantwortlich war. Nabam gilt als oberster Dämon des Saturn und wird in den magischen Schriften von Agrippa von Nettesheim und Gregor A. Gregorius beschrieben. Bei diesem Versuch zeigte es sich deutlich, wie wichtig das Arbeiten im magischen Schutzkreis ist.

Während des Spiegelversuches, den ich zusammen mit Peter ausführte, beschworen wir Nabam, nach einem Ritual des Golden Dawn, jener magischen Loge, der u.a. auch Aleister Crowley angehört hatte. Es zeigte sich, daß auch die sogenannten feinstofflichen Kräfte in der Praxis recht massiv werden und materiellen Schaden anrichten können. Angefangen hatte alles damit, als Peter unabsichtlich, wie er mir versicherte, seinen Kopf aus dem magischen Kreis gesteckt hatte. Ich hatte den magischen Kreis lediglich mit meinem Stab um uns herum in der Luft gezogen, so daß keinerlei sichtbaren Begrenzungslinien des Kreises vorhanden waren.

Bereits kurz nach der bekannten Konzentration auf meine Nasenwurzel, zeigten sich Phänomene und Schatten sowohl innerhalb als auch außerhalb des Spiegels. Peter wurde dabei immer unruhiger und geriet dadurch unabsichtlich mit seinem Kopf außerhalb des Kreises. Kaum hatte er mit seinem Kopf den magischen Kreis verlassen, als er eine heftige Gänsehaut bekam und Anzeichen einer aufkommenden Panik zeigte. Seine Augen waren vor Schreck weit aufgerissen und sein Gesicht zeigte einen entsetzten Ausdruck. Ich wußte zuerst gar nicht was er hatte, bis er mir schreckensbleich erzählte, daß er über die unsichtbaren Kreislinien hinausgeraten war. Nachdem er sich wieder einigermaßen beruhigt hatte, wollte ich der Sache auf den Grund gehen und streckte absichtlich meinen Kopf über den Rand des magischen Kreises. Schlagartig verspürte ich eine Berührung an meiner rechten Wange, etwas streichelte mir über den Kopf und kurz danach erhielt ich einen leichten Schlag ins Gesicht. Erschreckt zog ich sofort meinen Kopf wieder zurück.

Wir verdauten noch das Geschehene, als es im Zimmer einen lauten Schlag tat und eine Blechtonne, die ich für Wäsche benutzte, auf einmal eine deutliche Beule zeigte, die sie vorher einwandfrei nicht gehabt hatte. Peter und ich sahen uns fassungslos an, denn wir konnten es nicht glauben, daß eine unsichtbare Kraft scheinbar mit Wucht gegen die Tonne getreten oder gestoßen hatte. Glücklicherweise stand die Tonne außerhalb des magischen Kreises und wir befanden uns im Innern des Schutzkreises, denn das Rumoren und Poltern im Zimmer hielt noch einige Zeit an. Ich sprach dann die Bannformel und zog zur Sicherheit noch einige bannende Pentagramme. Der Spuk war danach glücklicherweise zu Ende und es zeigten sich keine weiteren Phänomene mehr. Wir hatten, dies muß ich zugeben, für diesen Tag auch genug erlebt.

Die Herstellung magischer Sigille

Ein Siegel oder Sigill ist das magische Zeichen eines Naturgeistes, eines Engels oder eines Dämons, unter dem diese Wesenheit angerufen werden kann. Ein Sigill bindet und konzentriert die Kräfte einer Wesenheit und übt im magischen Ritual einen Zwang auf diesen Geist aus, so daß er erscheinen muß. Leider wurden im Lauf der Jahrhunderte viele Siegel verfälscht oder sind bewußt unkenntlich gemacht worden, wodurch sie relativ unwirksam sind. Es gibt allerdings immer noch eine ganze Reihe brauchbarer magischer Sigille, durch die ein Kontakt zu der Intelligenz hinter dem Siegel möglich ist.

Normalerweise wird das Siegel eines Wesens unter starker Konzentration auf Pergamentpapier gezeichnet und während des magischen Rituals über einer offenen Flamme verbrannt, wodurch die, in dem Sigill enthaltenen Kräfte freigesetzt werden. Ich habe bei meinen Versuchen jedoch andere Wege beschritten und ein Sigill auf die Rückseite des Spiegels geklebt sowie ein Duplikat vor den Spiegel gelegt und hierdurch sehr gute Resultate erzielt.

Wer sich für dieses interessante Gebiet der Magie interessiert, kann eine Vielzahl magischer Siegel in den Büchern: „Die Praxis der magischen Evokation" von Franz Bardon, in den „Magischen Werken" des Agrippa von Nettesheim sowie in dem Buch „Das Necronomicon und Die Goetia" von Abdul Alhazred finden.

Im folgenden Kapitel beschreibe ich, wie ich ein Sigill des Saturn-Dämoniums Zazel hergestellt habe und dieses dazu verwendete, jene Urkraft in meinem magischen Spiegel zu manifestieren.

Die magische Anrufung von Zazel

Es war an einem Sonnabend, der laufende Mond stand im Tierkreiszeichen Schütze. Ich hatte vor, mir ein magisches Siegel der Saturnwesenheit Zazel herzustellen, mit dem ich später experimentieren wollte. Die Saturnstunde dauerte heute von 22:42 bis 23:23 Uhr, wie ich errechnet hatte. Diesmal verwendete ich eine kleine dreieckige Bleiplatte zum Gravieren des Siegels, da Blei ja bekanntlich dem Saturn zugeordnet ist. Ich hatte mir ein Messer zum Gravieren bzw. Einritzen des magischen Siegels bereitgelegt, drei schwarze Onyxe, meinen magischen Stab, sowie drei vorher besorgte schwarze Kerzen, eine Hilfskerze und mehrere Fidibusse aus Papier. Die Kerzen stellte ich auf dem Tisch im Dreieck auf und begann ein wenig Haschisch zu räuchern, das als Räuchermittel ebenfalls dem Saturn zugeordnet wird und die Manifestationen von Saturnwesenheiten begünstigen soll.

Zazel wird in den Schriften von MacGregor Mathers, Aleister Crowley, Gregor A. Gregorius und Agrippa von Nettesheim erwähnt. Der Name Zazel stammt aus dem Hebräischen und wird traditionell von rechts nach links geschrieben. Dem kabbalistischen System entnehmen wir, daß Zazel sich aus den Hebräischen Buchstaben: Zain, Aleph, Zain und Lamed zusammensetzt. Das „e" hat im Hebräischen keine Entsprechung.

Addiert man die Zahlenwerte des Namen Zazel nach der Kabbalah, erhält man die Summe 45. Dies ist überraschender Weise auch die Summe aller Zahlen im magischen Quadrat des Saturn. Gemäß der Technik der „Neun Kammern", werden nun die Zahlenwerte der einzelnen Buchstaben auf ihren kleinsten Wert reduziert. In unserem Fall bedeutet dies, daß der Buchstabe L mit dem Zahlwert 30 auf 3 reduziert wird. Übertragen wir die reduzierten Zahlen nun in das magische Quadrat des Saturn und verbinden wir diese der Reihenfolge nach, erhalten wir das Siegel von Zazel:

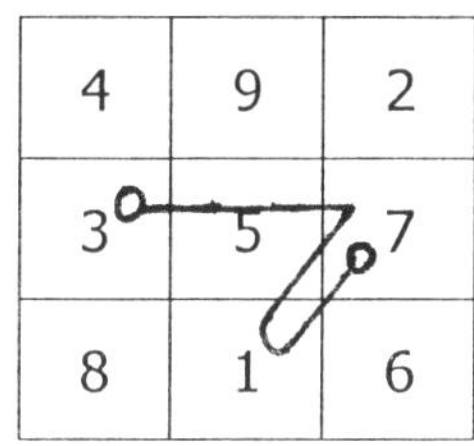

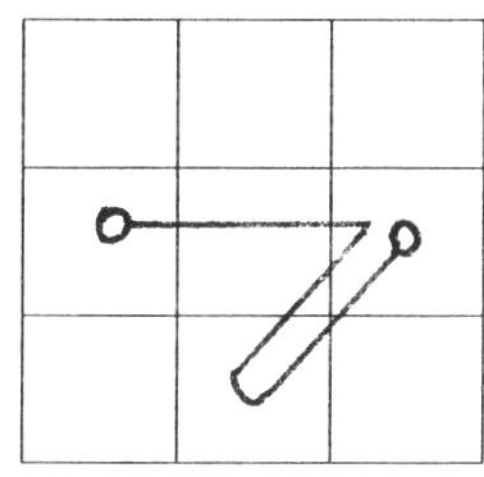

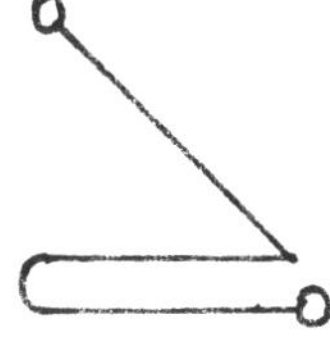

Magisches Quadrat Quadrat ohne Zahlen Traditionelles Siegel

Dies ist die traditionelle Form, das Sigill eines Wesens aus einem magischen Quadrat abzuleiten. Wie man erkennt, ist das Siegel leicht gekippt, was aber auf die Praxis keinen Einfluß hat. Bemerkenswert ist, daß die Siegel von Zazel und Nabam identisch sind. Auch wenn manche der überlieferten Siegel teilweise durch die Jahrhunderte hinweg etwas verändert wurden, kann man sie durch die obige Methode oft wieder auf ihren Ursprung zurückführen. Doch zurück zu meinem Experiment.

Ich begann zunächst neunmal die Silbe "OM" zu summen, wobei ich das "O" und "M" dabei lang dehnte, also "OOOOMMMM". Danach führte ich das esoterische Lichtritual durch und begann anschließend mit erhobenem Stab die folgende Beschwörungsformel dreimal hintereinander zu sprechen:

„Hiermit beschwöre ich im Namen von Adonai,
kraft meines magischen und göttlichen Willens,
die Wesenheiten der Saturnsphäre sich zu manifestieren."

Ich begann jetzt mit dem Einritzen der magischen Attribute auf der Bleiplatte, wobei ich mich dabei auf mein Vorhaben, der Kontaktaufnahme mit Zazel konzentrierte. Nachdem ich, so gut ich dies vermochte, alle Symbole eingraviert hatte, begann ich das Sigill einzuoden. Das Rufungssymbol sah nun wie folgt aus:

Vorderseite des Sigills

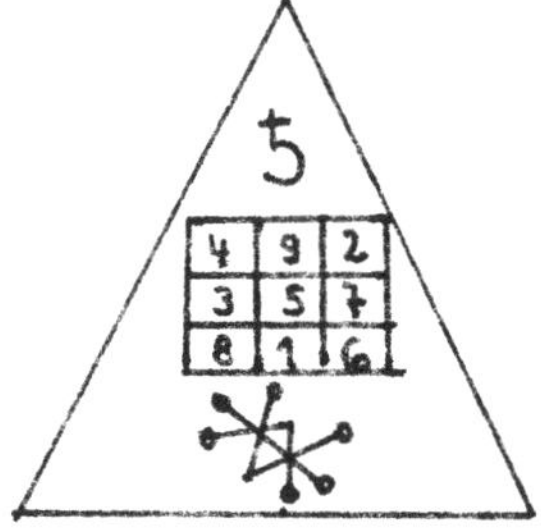

Rückseite des Sigills

Etwa gegen 23:15 Uhr, also kurz vor dem Ende der Saturnstunde, war ich mit meiner Arbeit fertig, die ich mir allerdings etwas leichter vorgestellt hatte. Ich habe dann noch alle Symbole mit dem magischen Stab auf der Bleiplatte nachgezogen, die Entlassungsformel gesprochen und das fertige Sigill für spätere Zwecke aufbewahrt.

Das Sigill enthält, wie man sehen kann, auf der Vorderseite den Namen von Zazel in hebräischen Buchstaben, den Zahlwert 45, der sich aus der Summe der einzelnen Buchstaben ergibt, sowie das eigentliche Siegel von Zazel. Auf der Rückseite ist neben dem magischen Quadrat des Saturn und dessen Planetensymbol, noch die magische Glyphe des Saturn abgebildet.

Da eine Bekannte von mir unbedingt mal ein magisches Spiegelexperiment miterleben wollte, hatte ich mich zu einer Anrufung der Wesenheit Zazel mit Hilfe der Spiegelmagie entschlossen. Susen, so heißt meine Bekannte, kannte sich bereits mit praktischer Magie aus und war zudem noch sehr sensitiv, was vorherige Testversuche ergeben hatten.

An einem Sonnabend, während der Saturnstunde und im Akashatattwa sollte das Experiment stattfinden. Ich hatte die üblichen Utensilien, wie Magischer Spiegel, Stab, Fidibusse zum Anzünden der Kerzen, drei schwarze Onyxe, drei ebenfalls schwarze Kerzen, ein schwarzes Tuch und das magische Siegel von Zazel aus Blei bereitgelegt. Wir hatten uns bei unserer Anrufung darauf verständigt, das wir ohne magischen Kreis arbeiten wollten, was ich allerdings niemandem empfehlen möchte.

Gegen 23:50 Uhr nach Zelebrierung des esoterischen Lichtrituals begann ich eine allgemeine Saturn-Anrufung zu sprechen.

„Hiermit beschwöre ich, im Namen von Adonai,
kraft meines magischen und göttlichen Willens,
die Wesenheiten der Saturn-Sphäre sich zu manifestieren!"

Nachdem ich diese Beschwörung dreimal hintereinander gesprochen hatte, wurde ich nun konkreter und sprach die folgende Anrufung an Zazel ebenfalls dreimal:

„Bei Adonai und seinen allbeherrschenden Kräften des Universums,
rufe und beschwöre ich dich Zazel !
Erscheine ! Werde sichtbar ! Erscheine !"

Nach dieser Anrufung setzen wir uns vor den Spiegel und hielten eine spiegelmagische Sitzung ab, während wir uns wie gewohnt auf meine Nasenwurzel konzentrierten. Zwischendurch haben wir immer wieder das Siegel von Zazel in den Spiegel imaginiert und in Gedanken seinen Namen gerufen.

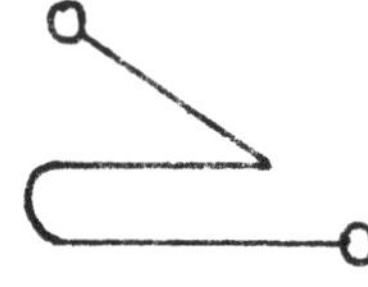

Siegel von Zazel

Wir hatten wohl etwas über eine Stunde das Experiment durchgeführt und nur die bekannten Gesichterwechsel in der Spiegelfläche beobachtet, als schlagartig eine Eiseskälte im Raum aufkam. Mein Gesicht verschwand wieder in völliger Schwärze, danach traten die Augen stechend hervor. Aber es waren nicht meine eigenen Augen, die uns aus dem Spiegel anstarrten, es war ein hartes, unheimliches Augenpaar. Ich dachte gerade daran, daß dies völlig fremde Augen waren, als mir plötzlich sehr elend und schlecht wurde. Ich mußte mich einen Augenblick hinlegen, um nicht umzufallen. Kaum lag ich jedoch, als ich das Gefühl hatte, zunehmend leichter zu werden. Fast im gleichen Augenblick spürte Susen, wie ein kalter Hauch aus meiner Richtung kam und merklich an ihr vorüber strich, obwohl das Zimmer, wie bei allen Experimenten, fest verschlossen war und keinerlei Zugluft herrschte. Danach war ich gezwungen, das Experiment abzubrechen und habe die Entlassungsformel gesprochen.

Am nächsten Tag besuchte mich Susen zusammen mit ihrer Freundin Petra. Ich hatte mich fast den ganzen Tag mit meinen Studien auf dem Gebiet der Magie und des Okkultismus beschäftigt. Wir setzten uns und unterhielten uns über alles mögliche, als Susen sich auf einmal überrascht umsah und meinte, daß sie das deutliche

Gefühl habe, daß jemand außer uns hier sei und uns beobachte. Auch Petra bestätigte diesen Eindruck. Ich selbst hatte die ganze Zeit über bereits eine fremde Kraft gespürt, aber nichts gesagt. Dadurch, daß Petra, die nichts von dem Spiegelexperiment am Vortag wußte, ebenfalls eine unheimliche und bedrohliche Kraft verspürte, hatte sie den Erfolg unseres gestrigen Versuches bestätigt. Leider blieb es nur bei dem Gefühl der Anwesenheit einer fremden Macht, denn sehen konnte man leider nichts. Aber der Eindruck war sehr stark und durch eine fremde Person, die von der ganzen Sache nichts wußte, bestätigt worden.

Pendelexperimente

Da ich schon seit einigen Jahren gute Ergebnisse mit dem Pendeln erzielt hatte, kam ich auf die Idee, auch einmal die magischen Sigille der angerufenen Wesenheiten auszupendeln.

Zunächst pendelte ich über einem normalen Stück Pergamentpapier. Das Pendel stand still und rührte sich nicht. Nachdem ich das Papier eingeodet hatte, vollführte es große Kreisbewegungen. Das gleiche Experiment mit einer dreieckigen Bleiplatte ausgeführt, erbrachte senkrechte Pendelbewegungen von Nord nach Süd. Ich habe dann die Bleiplatte mit dem Siegel von Zazel beschriftet. Jetzt ergaben sich plötzlich starke Kreisbewegungen. Als ich meine Hand mit dem Pendel nach rechts und damit von dem Dreieck wegbewegte, wurde das Pendel durch eine starke Kraft wieder zu dem Siegel hingezogen. Das gleiche geschah auch, als ich meine Hand nach links vom Siegel wegbewegte, auch hier wieder eine Kraft, die eindeutig das Pendel zurück zum Sigill von Zazel zog. Schließlich entfernte ich meine Hand, die das Pendel hielt noch weiter von dem magisch aufgeladenen Siegel von Zazel, so daß es nun etwa 10 bis 15 cm davon entfernt war. Ich konnte jetzt noch deutlicher als sonst eine fremde Macht spüren, die das Pendel zurück zum Siegel zog. Diese Kraft war so stark, daß ich fast meinte, mir würde das Pendel aus der Hand gerissen, und das ganze Pendel neigte sich in einem eigenartigen Winkel dem Sigill zu.

Ein interessanter Versuch ist auch, während oder nach einer magischen Anrufung, mit dem Pendel den Standort des gerufenen Wesens festzustellen und dessen Stärke oder Eigenschaft auszupendeln. Viel könnte man noch über das Auspendeln feinstofflicher Kräfte mit dem Pendel berichten, aber dies würde den Rahmen dieses Buches bei weitem sprengen.

Das Geheimnis der magischen Schutzglyphen

Wer mit magischen Kräften arbeitet, sich durch spiegelmagische Experimente dem Unbekannten nähert und durch Anrufungen von astralen Wesen eine Tür in die andere Welt öffnet, darf nie vergessen, daß diese Kräfte auch große Gefahren bergen. Zum Schutz vor Beeinträchtigungen mannigfacher Art haben sich das Ziehen des magischen Schutzpentagramms mit den beiden Schwurfingern oder dem magischen Stab, das Gebet, sowie die heiligen Namen von Adonai und Jesus bewährt. Wesentlich wirkungsvoller und leichter in ihrer Anwendung sind jedoch die sogenannten magischen Schutzglyphen, wie sie Det Morson in „Praxis der weißen und schwarzen Magie" beschreibt. Schutzglyphen werden abgezeichnet und dann unter starker Konzentration auf ihre Schutzwirkung eingeodet oder auch mehrmals behaucht. Die Glyphe wirkt dann durch die in ihr enthaltenen kosmischen Energie- und Strahlungskräfte. Man kann eine Schutzglyphe als Anhänger um den Hals tragen, sie am Bett, in der Wohnung, sowie an Türen und Fenstern anbringen. Man kann sie auch während magischer Experimente an einem Faden auf der Brust oder Stirn befestigen. Schutzglyphen können bei guter Vorstellungskraft mental in die Luft projiziert werden und bilden einen mächtigen Wall gegen alle astralen Bedrohungen und Einflüsse. Die Glyphe sollte von Zeit zu Zeit eingeodet werden, um ihre Ladung aufzufrischen.

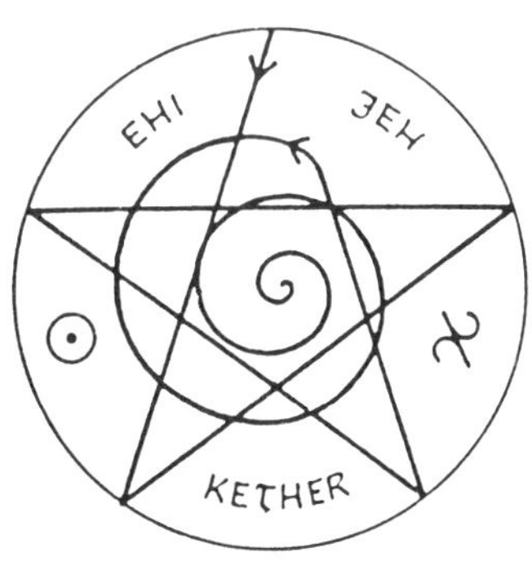

Schutzglyphe

Eine Alternative zur magischen Schutzglyphe stellt auch ein Pentagramm-Anhänger, mit der Spitze nach oben getragen dar. Weiteren Schutz bieten auch die sogenannten Schutz oder Bannamulette. Zwar ist hier die Wirkung nicht ganz so stark wie bei einer magischen Schutzglyphe aber ein guter Schutz wird dennoch geboten.

Schutzamulette aus Messing, Silber, Gold oder anderen Metallen sind im Esoterikhandel erhältlich oder können auch durch den Verlag dieses Buches bezogen werden.

Schutzamulett "Tetragrammaton" aus Messing

Schutzamulett "Salomos Schild" aus Messing

Hinweise für die magische Anrufungspraxis

Für planetarische Anrufungen hat es sich gezeigt, daß man die Form der verwendeten Pergamente am besten nach der, dem Planeten entsprechenden Zahl zuschneidet. Für die Saturn-Sphäre verwende man dreieckig zugeschnittene Pergamente, für die Jupiter-Sphäre viereckige, für die Mars-Sphäre fünfeckige, für die Sonnensphäre sechseckige, für die Venus-Sphäre siebeneckige, für die Merkur-Sphäre achteckige und für die Mond-Sphäre neuneckige. Für alle Experimente mit den Elementen kann man die Kreisform wählen. Viele Siegel sind, wie bereits erwähnt, in der magischen Literatur angegeben und eine ausführliche Beschreibung der Siegel und Eigenschaften vieler Wesenheiten findet man in dem Buch: „Die Praxis der magischen Evokation" von Franz Bardon.

Es gibt 12 Tierkreiszeichen, die in vier Elementegruppen unterteilt werden. Zu den Feuerzeichen zählen: Widder, Löwe und Schütze. Zum Erdelement gehören die Zeichen: Stier, Jungfrau und Steinbock. Dem Luftelement zugehörig sind die Zeichen: Zwilling, Waage und Wassermann. Die letzten drei Tierkreiszeichen: Krebs, Skorpion und Fische entsprechen dem Wasserelement.

Für alle Spiegelexperimente werden Quadraturen, also ein 90 Grad Aspekt zwischen zwei Planeten als besonders günstig angesehen. Quadraturen gelten als Einfallstore astraler Kräfte. Die Aspekte der einzelnen Planeten zueinander sind in den verschiedenen astrologischen Jahreskalendern für jeden Tag genau verzeichnet und können von jedem, der sich hierfür interessiert sehr leicht nachgelesen werden.

Günstig für Spiegelexperimente ist auch, wenn sich der Mond in einem der Wasserzeichen: Skorpion, Fische und Krebs oder einem Erdzeichen und hier besonders im saturnbeherrschten Steinbock befindet. Die verschiedenen Mondstände sind zwar richtungsweisend aber nicht zwingend, so daß ich gar nicht näher auf dieses Thema einzugehen brauche.

Günstige Wochentage für Spiegelmagie sind der Montag (Mond) und der Samstag (Saturn). Außerordentlich günstig ist auch die Nacht vom 31. Oktober auf den 1. November (Samhain).

Als sehr wirksam für spiegelmagische Experimente haben sich auch Konjunktionen der Planeten Saturn und Mond miteinander erwiesen. In dieser Zeit ist ein magischer Versuch besonders wirksam, da hier Mond- und Saturnkräfte zusammenfließen und Saturn, Mond und Erde in einer Linie stehen, so daß saturnische Gestaltungskräfte durch den Mondeinfluß transformiert und dadurch sofort übertragen werden. Befindet sich der Mond zu solch einer Konjunktion in seiner vollen Phase, werden die Wirkungen noch weiter verstärkt. Mit anderen Worten, der Tag vor, während und nach Vollmond gelten als volle Phase, und findet innerhalb dieser drei Tage eine Saturn-Mond-Konjunktion statt, so ist dies die beste astrologische Voraussetzung für das Gelingen spiegelmagischer Experimente.

Der Spiegel als Mittel zur Selbstbeeinflussung

Nach einem relativ einfachen Verfahren kann man eigene Leiden, sowohl seelischer als auch körperlicher Natur günstig beeinflussen, lindern bzw. sogar ganz beseitigen. Auch psychische Probleme wie mangelndes Selbstvertrauen, Lebensängste, Unzufriedenheit, innere Unausgeglichenheit und noch vieles andere lassen sich durch Spiegelmagie erfolgreich bekämpfen.

Im Grunde genommen beherrscht unser Unterbewußtsein sowohl die körperliche als auch geistige Verfassung eines Menschen. Es mag paradox klingen, aber wenn beispielsweise unser Unterbewußtsein daran glaubt, daß das eine oder andere Organ unseres Körpers nicht richtig funktioniert, so wird dieses Organ tatsächlich nur unzureichend oder mangelhaft arbeiten. Viele Ärzte gehen mittlerweile davon aus, daß die meisten Krankheiten zunächst im Kopf entstehen und sich dann auf die inneren Organe übertragen. Die verordneten Medikamente sind in vielen Fällen nur Aktivatoren, welche die eigenen Abwehrkräfte mobilisieren und dem Patienten das Gefühl vermitteln, daß es ihm nach Einnahme des Medikamentes wieder besser geht.

Oft genügt bereits die Vorstellung einer Schmerzempfindung und man verspürt tatsächlich einen Schmerz. Umgekehrt ist es ebenso möglich, durch Glaube und Imagination ein Schmerzgefühl erheblich zu vermindern oder ganz zu beseitigen. Hieraus wird ersichtlich, daß die Vorstellungskraft und das Unterbewußte einen ganz erheblichen Einfluß auf die körperliche und geistige Verfassung eines Menschen besitzen. Diese Tatsache kann man sich nun natürlich auch zur Heilung unserer seelischen und körperlichen Gebrechen zu nutze machen, indem wir die Macht der Autosuggestion einsetzen.

Autosuggestion ist das Einpflanzen einer Idee oder Vorstellung in uns selbst und durch uns selbst. Letztlich kommt es lediglich darauf an, eine Suggestion bewußt anstatt unbewußt anzuwenden und hierfür eignet sich sehr gut ein magischer Spiegel. Eine Selbstbeeinflussung im Positiven muß gänzlich ohne Anstrengung des eigenen Willens erfolgen. Auch muß die Suggestion stets aktiv formuliert sein, also nicht: „Ich möchte nicht von der Krankheit X befallen werden", sondern "Ich überwinde und heile die Krankheit X". Je stärker man dazu in der Lage ist, sich eine Suggestion als bereits verwirklicht vorzustellen, umso bessere Erfolge erzielt man. Man muß von dem Gelingen der Suggestion absolut überzeugt sein.

Ich beschreibe jetzt die Anwendungsweise der Selbstbeeinflussung. Man setze sich so vor den Spiegel, daß man sich selbst darin sehen kann. Während man sich nun sozusagen selbst in die Augen schaut, spricht man mit ruhiger, monotoner Stimme und im Befehlston für die Dauer von ca. 15 Minuten die gewünschte Suggestionsformel und läßt diese dabei tief ins Unterbewußtsein eindringen. Diese Übung ist nun mehrere Tage, am besten immer zur gleichen Uhrzeit durchzuführen. Man wird überrascht sein, wie sich je nach eigener Überzeugungskraft und Befähigung schon nach einigen Tagen die ersten positiven Ergebnisse einstellen. Es wurde in diesem Zusammenhang bereits von Patienten berichtet, die sogar eine Krebserkrankung durch Autosuggestion überwunden haben, lediglich indem sie sich plastisch genug vorstellten, wie die Krebszellen des eigenen Körpers nach und nach durch die Kraft des Geistes vernichtet wurden.

Die Praxis zur Fernbeeinflussung anderer Personen

Die im folgenden beschriebenen Techniken zur spiegelmagischen Fernbeeinflussung von anderen Personen, lassen sich sowohl zu positiven, weißmagischen Zwecken, als auch zu negativen, schwarzmagischen Zwecken einsetzen. Also ein jeder muß für sich selbst entscheiden, welche Ziele er verfolgt, eingedenk der magischen Regel, daß alle ausgesandten Kräfte um ein vielfaches verstärkt zum Verursacher zurückkehren.

Eine sehr schöne und interessante Technik, um Personen aus der Ferne spiegelmagisch zu beeinflussen ist die Folgende. Hier ist es immer wieder eindrucksvoll, wenn man die Person, welche man beeinflussen möchte, im magischen Spiegel wie in einem Fernsehgerät plastisch auftauchen sieht. Zunächst führe man, wie bereits bekannt, das esoterische Lichtritual durch. Im ägyptischen Sitz setzt man sich so vor den Spiegel, daß man weder sich selbst noch irgendeinen Gegenstand im Spiegelbild erblicken kann. Die Spiegelfläche muß also absolut leer und dunkel sein, lediglich von den drei Kerzen erleuchtet. In leichter Trance und völlig entspannt, schließt man die Augen und atmet rhythmisch ein und aus. Man muß aufhören zu denken. Nichts darf herrschen als Gedankenruhe, Gedankenstille, Gedankenleere. Tiefe Dunkelheit muß vor dem geistigen Auge sein. Nach ca. 2 bis 3 Minuten stellt man sich die unendliche Weite des Universums vor. Langsam wird so das Gefühl für Zeit und Raum verschwinden. Geistig vergewissert man sich nun der Tatsache, daß man durch ein unsichtbares Band mit der ganzen Menschheit verbunden ist und somit auch mit der Person, die man magisch beeinflussen möchte. Jetzt läßt man die folgende Formel tief auf sein Unterbewußtsein einwirken, indem man sie mehrmals hintereinander entweder nur in Gedanken oder aber laut ausspircht:

„Ich bin verbunden mit dem großen Geist des Universums. Ich bin verbunden mit der Harmonie des Alls. Ich bin ein Glied in der unsichtbaren Kette, die alle Menschen auf der Erde miteinander verbindet. Ich bin verbunden mit der Seele von N.N. (hier wird der Name der Person eingesetzt, die man zu beeinflussen gedenkt). Ich wirke magisch ein auf die Seele von N.N. Die trennenden Grenzen von Raum und Zeit sind jetzt aufgehoben."

Daraufhin werden die Augen geöffnet und der Blick auf den Spiegel gerichtet. Man halte dabei meditativ die Vorstellung fest, daß zwischen einem selbst und der Person weder Raum noch Zeit existieren. Der Atemrhythmus wird während des ganzen Vorgangs unverändert beibehalten. Nun konzentriert man sich auf den Wunsch, daß die Person im Spiegel erscheinen möge. Wenn man alles richtig ausgeführt hat, wird man die Person entweder sofort oder nach kurzer Zeit im Spiegel erblicken. Die Person erscheint völlig plastisch nur in Miniaturformat. Meistens kann man sogar beobachten, was die Person gerade macht.

Besonders nachts, wenn die zu beeinflussende Person schläft, wird man zuweilen bei diesem Experiment das Gefühl verspüren, als ob sich die Person tatsächlich im gleichen Raum befindet. Das liegt daran, daß bei dieser magischen Handlung der Astralkörper der schlafenden Person herbeizitiert wird. Dies ist ein eindrucksvolles Erlebnis. Wie gesagt, besonders in der Nacht ist die Beeinflussung eines anderen Menschen am einfachsten auszuführen.

Doch zurück zur Technik der Fernbeeinflussung. Man imaginiert nun eine vorher festgelegte Befehlsfomel in heller Schrift in die Miniaturperson im Spiegel hinein. Je einfacher diese Formel gewählt ist, um so bessere Resultate erzielt man damit. Man sei sich völlig bewußt, daß man auf den Geist der herbeizitierten Person einwirkt. Durch die

Macht der Imagination, der plastischen Vorstellungskraft, kann man hier Unglaubliches erreichen.

Eine andere, jedoch auch weniger wirksame Methode zur Fernbeeinflussung wird dadurch erreicht, daß man ein Foto der zu beeinflussenden Person, so vor den Spiegel hält, daß man diese deutlich in der Spiegelfläche sieht. Diese Methode hat den Vorteil, daß man keine so stark ausgeprägte Vorstellungskraft benötigt wie bei der ersten Methode. Auch hier wirkt man dann in der beschriebenen Art, vorzugsweise zu nächtlicher Stunde, auf das Spiegelbild ein.

Wichtig für das Gelingen der Fernbeeinflussung ist, daß man die Person, die man beeinflussen möchte, im Spiegelbild genau das tun läßt, was man von ihr wünscht und was in Wirklichkeit mit ihr geschehen soll. Jede Einzelheit muß so genau wie möglich durchgespielt werden. Erst wenn man jedes Detail glasklar vor sich im Spiegel abgebildet sieht, ist der magische Zweck erreicht.

Je nach Konzentrationsfähigkeit und Imaginationskraft sind ein oder mehrere Versuche zum Gelingen nötig. Will man beispielsweise einem Menschen, der krank im Bett liegt, helfen, stellt man sich so deutlich wie nur möglich vor, wie die Schmerzen von ihm weichen, seine Züge sich nach und nach entspannen und er in einen erholsamen und heilenden Schlaf verfällt.

Bei der vorgestellten Praxis liegt das Geheimnis des Erfolges in einer guten und starken Vorstellungskraft sowie an dem Glauben an das Gelingen des eigenen Vorhabens. Die geringsten Zweifel zerstören hier alles, dies muß man sich immer vergegenwärtigen.

Schlußwort

Ich habe in diesem Buch gezeigt, daß man den magischen Spiegel sehr gut dazu verwenden kann, um mit unsichtbaren Wesenheiten in Kontakt zu treten. Den Schwerpunkt meiner Ausführungen habe ich dabei auf die magische Praxis und insbesondere auf die Anrufungspraxis gelegt. Wer sich z.B. mehr für die Anwendung der Spiegelmagie zu Heilzwecken oder als Konzentrationsmittel interessiert, dem darf ich das Buch „Die Macht der Spiegel" von Para Maya empfehlen. Meine vorrangige Intention war und ist, die Erforschung und Sichtbarmachung magischer Phänomene und astraler Wesen.

Mein Grundsatz lautet: Daß durch lediglich theoretische Beschäftigung mit den magischen Disziplinen, die Realität des Transzendenten nicht bewiesen werden kann und damit einer Aufklärungsarbeit wenig gedient ist. Zu einer richtigen Erkenntnis der übersinnlichen Kräfte und deren Erscheinungen, sowie einer, auch den kritischen Verstand befriedigenden Erklärung ihrer Phänomene, gelangt man erst durch experimentelle Praxis.

Es stellt sich hierbei natürlich die schwere Frage, wie weit magische Phänomene und Angelegenheiten nur das Produkt von realisierten bewußten und unbewußten Vorstellungen sind. In der Psychologie heißt es beispielsweise über Besessenheit: „Eine Besessenheit ist nichts anderes, als rebellische, verselbständigte Nervenzentren, die unter Umständen eine Persönlichkeit darstellen oder vortäuschen können." Auch beim Spiritismus, dem Gläserrücken und dem Tischerücken sollen einzelne Zentren des Unterbewußtseins eine aktive Rolle übernehmen und sich als Geister von Verstorbenen, Dämonen und vieles andere ausgeben, während das Oberbewußtsein dabei in den Hintergrund tritt. Doch dieses sogenannte Erklärungsmodell gibt nicht an, warum und wodurch diese Zentren eine aktive Rolle übernehmen.

In der Geheimlehre heißt es zur Spiegelmagie: „Für das feinstoffliche Wahrnehmungsvermögen sind die hervorgebrachten Phänomene ebenso eine reale Tatsache, wie für die grobstofflichen Sinne irgendein Vorgang in der sichtbaren Welt. Die Psychologie setzt dem entgegen, daß die Phänomene der Spiegelschau nichts anderes sind als die Ausgeburten kranker Gehirne oder Produkte der Hysterie, das heißt Einbildungen und Halluzinationen. Da nun aber bekannter- und auch bewiesenermaßen an bestimmte Häuser Spukphänomene gebunden sind, so müßten wir konsequenterweise nach offizieller psychologischer und wissenschaftlicher Ansicht dies für Auswirkungen von Nervenzentren des Hauses halten. Das Haus stände dann unter pathologischen Zuständen, leide an Schizophrenie, Zwangsneurosen, Paranoia und vielem anderen. Was ich scherzhaft damit zum Ausdruck bringen will, ist, daß man es sich von wissenschaftlicher Seite allen okkulten Phänomenen gegenüber viel zu leicht macht. Anfangs des vergangenen Jahrhunderts haben noch eine ganze Reihe namhafter Wissenschaftler die Existenz mannigfacher übersinnlicher Vorkommnisse untersucht und oftmals auch bestätigt, was heute leider in Vergessenheit geraten ist.

„Erkenne, daß Aufbau und Zerstörung
ebenso untrennbar verbunden sind
wie Leben und Tod
und nur einen augenblicklichen Zustand
einer letztlich unteilbaren Kraft bilden."

In diesem Sinne: Non Omnis Moriar.

Vita und Kontaktadresse

Ich wurde 1964 in Hameln geboren und wurde nach dem Glauben meiner Eltern evangelisch-lutherisch erzogen. Religion und Naturwissenschaften befriedigten mich nicht und waren auch nicht in der Lage, meine tiefergehenden Fragen befriedigend zu beantworten. Im Lauf der Jahre begann ich mich mit Psychologie zu beschäftigen. Mehr durch Zufall wurde ich zu einer spiritistischen Seance eingeladen. Diese Seance bildete ein einschneidendes Erlebnis für mich und ich wandte mich von diesem Zeitpunkt an der Parapsychologie zu. Nach und nach fand ich meinen Weg zur praktischen Magie. Hier fesselte mich besonders die Spiegelmagie, zumal diese Disziplin mit allen anderen magischen Gebieten verknüpft ist.

Ich möchte behaupten, daß die „spezielle Spiegelmagie", wie ich sie in diesem Buch beschrieben habe, das eigentliche Tor zu den astralen Welten ist. Doch auch hier liegt der Schlüssel in jedem Menschen selbst verborgen und die eigenen magischen Kräfte und Fähigkeiten spielen natürlich die größte Rolle. Ich habe die Erfahrung gemacht, daß bei vielen Experimenten oft mehrere Versuche nötig sind. Mit den 72 Genien der Kabbalah habe ich über mehrere Monate hinweg experimentiert und auch hier festgestellt, daß nur Ruhe, Geduld und Ausdauer zum Erfolg führen. Sollte ich durch mein Buch den einen oder anderen Leser aufgerüttelt haben, so ist mein Ziel erreicht. Gerne bin ich auch bereit, meine Erfahrungen über Magie mit anderen zu diskutieren. Über alle Zuschriften freue ich mich. Meine Anschrift:

Holger Dreyer, Sollingstr. 29, 37603 Holzminden

(Anmerkung des Verlages: Bitte vergessen Sie nicht, bei eventuellen Fragen an den Autor oder Kontaktwünschen entsprechend Rückporto beizulegen. Wir danken im Namen unserer Autoren).

Weiterführende Literatur

Bardon, Franz: Der Weg zum wahren Adepten;
- Verlag Hermann Bauer, Freiburg im Breisgau.
Bardon, Franz: Die Praxis der magischen Evokation;
- Verlag Hermann Bauer, Freiburg im Breisgau.
Brandler-Pracht, Karl: Lehrbuch zur Entwicklung der okkulten Kräfte;
- Esoterischer Verlag Paul Hartmann, Bürstadt.
Daniel, Frater: Danielis Magia Lunae;
- Unveröffentlichtes Manuskript der Loge Fraternitas Saturni.
Daniel, Frater: Evokationssymbole der luziferischen Hierarchie;
- Unveröffentlichtes Manuskript der Loge Fraternitas Saturni.
Devachan, Fra.: Magie der Naturgeister;
- Esoterischer Verlag Paul Hartmann, Bürstadt.
Dürr, Josef: Dämono-Magie;
- Esoterischer Verlag Paul Hartmann, Bürstadt.
Gregorius, Gregor A.: Magische Briefe;
- Verlag Richard Schikowski, Berlin.
Hartwig, Andreas: Spiegelmagie;
- Verlag Sigrid Kersken-Canbaz, Bergen/Dumme.
Johannes, Frater: Praktische Vorbereitungen zur Magie;
- Esoterischer Verlag Paul Hartmann, Bürstadt.
Jürgens, Heinrich: Spiegel-Praxis und Spiegel-Magie;
- Johannes Baum Verlag, Pfullingen.
Klingsor, Dr: Experimental-Magie;
- Verlag Richard Schikowski, Berlin.
Mathers, MacGregor: Der Schlüssel Solomon,
- Verlag Richard Schikowski, Berlin.
Maya, Para: Die Macht der Spiegel;
- Esoterischer Verlag Paul Hartmann, Bürstadt.
Morson, Det: Praxis der weißen und schwarzen Magie;
- Esoterischer Verlag Paul Hartmann, Bürstadt.

Nettesheim, Agrippa von: Die Magischen Werke;
- Verlag Richard Schikowski, Berlin.
Potet, Baron M. du: Die entschleierte Magie;
- Esoterischer Verlag Paul Hartmann, Bürstadt.
Regardie, Israel: Das magische System des Golden Dawn;
- Verlag Hermann Bauer, Freiburg im Breisgau.
Rottenfußer, Roland: Lichtvolle Magie mit Kerzen;
- Windpferd Verlag, Aitrang.
Spiesberger, Karl: Magische Einweihung;
- Verlag Richard Schikowski, Berlin.
Spiesberger, Karl: Magische Praxis;
- Verlag Richard Schikowski, Berlin.
Spiesberger, Karl: Magneten des Glücks;
- Verlag Richard Schikowski, Berlin.
Spiesberger, Karl: Runenmagie;
- Verlag Richard Schikowski, Berlin.
Thorsson, Edred: Handbuch der Runen-Magie;
- Urania Verlag, Neuhausen.
Widar, Frater: Magie und Praxis des Hexentums;
- Esoterischer Verlag Paul Hartmann, Bürstadt.
Widar, Frater: So lernen Sie hexen;
- Esoterischer Verlag Paul Hartmann, Bürstadt.

Karl Brandler-Pracht – 304 Seiten – ISBN 3-932928-04-0 - € 15,90

Lehrbuch zur Entwicklung der okkulten Kräfte

Handbuch der weißen Magie zur Entfaltung magischer Fähigkeiten. Aus dem Inhalt: Die Gedankenbeherrschung / Der negative Zustand / Der magnetische Blick / Die Wunschkraft / Selbsterkenntnis und Befreiung / Die höhere Atemtechnik / Telepathie und Gedankenübertragung / Vorsätzliches Wahrträumen / Hellsehen und Hellhören / Die Tattwas / Der Astralkörper / Die heilmagnetische Kraft / Die höheren magischen Fähigkeiten / Die Macht des Reinen uva. Das Buch enthält eine gründliche Anleitung zur Ausbildung der höheren geistigen Kräfte des Menschen und gilt als eines der wichtigsten Werke der weißen Magie.

Det Morson – 128 Seiten, ISBN 3-9802704-6-7 - € 15,90

Das große Buch der Liebeszauber

Dieses Buch zeigt eine große Anzahl besonders wirksamer Liebes- und Hexenzauber. Aus dem Inhalt: Liebeszauber / Liebeskräuter / Aphrodisiaka / Die Herstellung von Liebestränken / Erotische Parfüms / Der Duft der Unsterblichkeit / Kerzenzauber / Zigeunermagie / Puppenzauber / Baumzauber / Wurzelzauber / Krötenmagie / Alraunenzauber / Nestelknüpfen / Magische Quadrate / Bindungszauber / Liebessigille / Liebestalismane / Liebespulver und Philter / Ritual zur Aufrechterhaltung der Liebe / Das Lösen der Liebeszauber uva.

Det Morson – 407 Seiten – ISBN 3-9802704-0-8 - € 24,90

Praxis der weißen und schwarzen Magie

Dieses Buch ist eine Fundgrube des esoterischen Wissens und der magischen Praxis. Der Autor zeigt, wie man seine magischen Kräfte systematisch entwickelt und gezielt einsetzt. Aus dem Inhalt: Vom Sinn des Seins / Die Astralebene / Der Hüter der Schwelle / Die Kraft der Mantren / Das magische Lichtritual / Die Magie des Wassers / Runenmagie / Levitation / Spiegelmagie / Die Weihung magischer Gegenstände Pentagramm-Magie / Pendelmagie / Die Praxis der spiritistischen Sitzung / Die Magie der Edelsteine / Die Magie der Glyphen / Pentagramm-Magie / Liebeszauber / Schwarze Magie uva.

Frater Johannes – 96 Seiten – ISBN 3-932928-07-5 - € 12,90

Praktische Vorbereitungen zur Magie

Die Techniken und Vorübungen zu einer erfolgreichen magischen Praxis. Aus dem Inhalt: Magie der Persönlichkeit / Konzentration aller Kräfte / Vergeistigter Atem und Kraftatem / Einodung / Odaufnahme / Entodung / Sonnen-Prana-Aufnahme / Entwicklung der Chakras / Praxis der Baumübung / Umpolung der Sexualkräfte / Die geistige Einstellung bei magischen Handlungen / Geistige Einstellung bei magischen Symbolen / Verstärkung der Aura / Reinigung und Schutz der Aura / Der magische Odmantel uva.

Sheerie the Fay – 80 Seiten – ISBN 3-932928-20-2 - € 12,90

Das Buch der Hexen

Sheerie the Fay, ist eine junge freifliegende Hexe, die in der Magie ihren eigenen Weg geht, ohne sich von alten Vorschriften behindern zu lassen. Mit viel Liebe zeigt sie, wie man erfolgreich Magie betreibt und mit Hexenmacht das eigene Leben um so vieles einfacher und erfolgreicher gestalten kann. Aus dem Inhalt: Wie werde ich eine Hexe? / Die 13 Prinzipien der Wicca / Die magischen Tage in der Hexerei / Wahl des Hexennamens / Hilfreiche Entspannungstechniken / Das Buch der Schatten / Zauber für mehr Energie / Flicken sie ihre Aura / Zauber gegen Krankheit / Zauber für die Liebe / Bann- und Schutzzauber uva.

Belinah - 96 Seiten – ISBN 3-932928-18-0 - € 12,90

Die Magie der Hexen

„Tue was Du willst, aber schade niemandem." Die bekannte Hexe Belinah, gibt hier ihre praktischen Erfahrungen, magischen Rituale und Hexenzauber weiter. Die vorgestellten Techniken sind so aufgebaut, daß sie sofort erfolgreich in die Praxis umgesetzt werden können. Aus dem Inhalt: Kreise, Pentagramme und Himmelsrichtungen / Kerzen und ihre Farben / Kräuter und ihre Wirkungen / Ritualgegenstände / Hexenschrift / Kerzenrituale / Universelles Wunschritual / Liebesrituale / Gesundheitsrituale / Schadensabwehrzauber / Ritualöle / Hexensalben / Hexentees uva.

Frater Widar - 128 Seiten – ISBN 3-9802704-5-9 - € 17,90

Magie und Praxis des Hexentums

Frater Widar, der hohe Eingeweihte der angelsächsischen Hexen zeigt hier die Praxis einer uralten Hexenmagie. Er lehrt die Magie des Wicca-Kultes und weist den weißmagischen Weg zur Anrufung der alten Hexen-Götter. Aus dem Inhalt: Die Götter der Hexen / Das magische Quadrat der Wicca-Magie / Die magischen Werkzeuge / Der magische Hexenkreis / Die Anrufung der alten Götter / Magische Fernbeeinflussung / Magie der Wachspuppen / Magische Hexensiegel / Die Praxis der Spiegelmagie / Die Praxis der Elementalmagie uva.

Frater Widar - Großformat in Leinen – ISBN 3-9802704-4-0 - € 87,00

So lernen Sie hexen

In diesem praktischen Lehrkursus der Wicca-Magie zeigt Frater Widar, der hohe Eingeweihte der angelsächsischen Hexen, Schritt für Schritt die Anwendung einer uralten Hexenmagie in unserer heutigen Zeit. Inhalt: Die Erweckung magischer Fähigkeiten / Anfertigung magischer Hexenwerkzeuge / Das Geheimnis erfolgreicher Hexenkunst / Die Abwehr schwarzmagischer Angriffe / Praktische Ritualmagie / Die Erforschung höherer Welten / Die Praxis geheimer Hexen-Riten / Das Initiationsritual / Die Anrufung der großen alten Götter uva.

Holger Dreyer - 96 Seiten – ISBN 3-932928-16-4 - € 13,90

Die Praxis der Spiegelmagie

Der Autor hat die Geheimnisse der Spiegelmagie erforscht und unglaubliche Ergebnisse erzielt. Dreyer beschreibt den Kontakt mit Astralwesen, Geistern und Dämonen, die nicht nur im Spiegel, sondern auch außerhalb des Spiegels manifest wurden: Aus dem Inhalt: Die Herstellung des magischen Spiegels / Spiegelschau mit magischen Spiegeln / Spiegel- und Astralschau / Die Erforschung esoterischer Geheimnisse durch Spiegel / Eine spiegelmagische Anziehungsglyphe / Erlebnisse während der spiegelmagischen Schau / Spiegelmagie mit einem Erdgeist / Die Erscheinung eines Saturngeistes / Herstellung magischer Sigille uva.

Frater Devachan - 80 Seiten – ISBN 3-932928-09-1 - € 12,90

Kontakte zu Naturgeistern

Aus den Archiven magischer Geheimlogen über die Anrufung der Naturgeister. Aus dem Inhalt: Die Evolution der Zwischenwesen / Elfenhochzeit / Beschwörung von Erdwesen und Gnomen / Die Anrufung einer Baumdruse / Evokation des Naturgottes Pan / Die magische Bildung von Gedankenwesen / Magisches- Licht- und Beschwörungsritual / Anrufung von Wesenheiten des Planeten Venus. Dieses außergewöhnliche Buch zeigt *echte* Anrufungen und Kontakte zu Naturgeistern.

Kurt Krause – 73 Seiten – ISBN 3-932928-19-9 - € 12,90

Enochian Magick

Die Henochische Magie des Dr. John Dee gilt als eines der mächtigsten magischen Systeme überhaupt. Kurt C Krause & Michela Megna zeigen die Praxis der Enochian Magick, beschreiben die Kontaktaufnahme mit den Hütern der Wachtürme und lehren die Freisetzung des magischen Potentials im Menschen. Aus dem Inhalt: Enochian Magick Praxis / Die Wachtürme / Die enochischen Wesenheiten / Die großen Gottesnamen / Das enochische System / Reisen in die Aethyre / Enochian Ritual / Erfahrungsberichte uva.

Baron M. du Potet – 96 Seiten – ISBN 3-932928-01-6 - € 13,90

Die entschleierte Magie

Die „Entschleierte Magie" bietet dem Forscher und Praktiker des Okkulten unschätzbare Anweisungen und Praktiken aus Magie und Magnetismus. Inhalt: Magische Striche / Der magische Spiegel / Magische Anziehung / Magische Sympathie und Antipathie / Vorbedingungen und Ergebnisse der Experimente / Geistige Schöpfungen / Lebendige Kraft der Gedanken / Bereitung des Spiegels / Visionen / Unsichtbarer Kreis und Spiegel / Ergründung des Schicksals / Magische Buchstaben und Zeichen uva.

E. Sychova - 32 Seiten – ISBN 3-932928-02-4 - € 6,90

Die Entwicklung des Willens

Gezeigt wird, wie man die Herrschaft über die eigenen Gedanken, Vorstellungen und Wünsche erlangt. Wenn es uns gelingt, einen starken Willen, durch die hier gezeigten Techniken zu entwickeln, werden wir nicht länger Blätter im Wind des Schicksals sein, sondern können unser Leben selbst in die Hand nehmen und dadurch unser Dasein glücklicher und freier selbst bestimmen. Wer seinen Willen beherrscht, ist ein großer Zauberer, der etwas erreicht hat, was mehr wert ist als alle Schätze der Erde (E. Sychova).

Sebottendorf - 80 Seiten – ISBN 3-932928-12-1 - € 12,90

Die geheimen Übungen der türk. Freimaurer

Geheime Übungen und praktische Magie. Eine Darstellung der geheimen und hochwirksamen Lehren, Übungen und Rituale der orientalischen Freimaurer. Diese Übungen stellen ein berüchtigtes, altüberliefertes und zugleich höchst effizientes System der magischen Laut- und Grifftechnik dar. Lange Zeit war dieses bedeutende Werk vergriffen. Die Neuauflage enthält neben dem Originaltext, Erläuterungen von Waltharius. Die angegebenen Übungen haben durch ihre Präzision etwas Bestechendes, ja geradezu zur Durchführung Herausforderndes.

Waltharius - 96 Seiten – ISBN 3-9802704-8-3 - € 13,90

Mystik - Das letzte Geheimnis der Welt

Waltharius war einer der letzten echten Rosenkreuzer. Seine Bücher sind sowohl für den Mystiker als auch den Magier unentbehrlich. Hier zeigt er in klarer Sprache die hermetische Einweihung und Praxis. Aus dem Inhalt: Mystik als Begriff und Weg / Bedeutende Mystiker / Mystik als Lebenserfüllung und Ziel / Mystische Pfade / Übungen und Exerzitien, die den feinstofflichen Körper entwickeln / Die Pater-Noster-Übung / Aufnahmefähig werden / Abyssusfahrt zur Welt des Lichts / Aufzeichnungen aus einem mystischen Tagebuch / Waltharius – Mystiker und Adept uva.

Para Maya - 104 Seiten – ISBN 3-9802704-3-2 - € 15,90

Die Macht der Spiegel

Das Spiegel geheimnisvolle Kräfte besitzen ist von alters her bekannt. Spiegel dienten zur Konzentration und Meditation, zum Hellsehen, zur Heilbehandlung sowie zur Beeinflussung anderer Personen. Dieses Buch zeigt die unergründlichen Kräfte der Spiegel und die Praxis der Spiegelmagie. Aus dem Inhalt: Divinationsspiegel / Der Magische Spiegel / Gedankenkonzentration vor Spiegeln / Die Heilkunst der Spiegel / Die Spiegelwelt / Die Magneten des Glücks / Spiegelwirkung gegen Krankheiten / Spiegelwirkung zum Schutz / Spiegelzauber uva.

Josef Dürr - 80 Seiten – ISBN 3-932928-10-5 - € 12,90

Dämono-Magie

Experimental-Dämonologie. Theorie und Praxis der Dämonenmagie. Das Buch zeigt die überlieferten Anrufungen zur Beschwörung von Dämonen und wie man sich vor dämonischen Einflüssen schützt. Aus dem Inhalt: Die Praxis der Dämonen-Anrufung / Höllenzwang nach der „Clavicula" / Der schwarze Spiegel / Der Dämon des eigenen Ich / Beschwörung mit den Mosis und Faustbüchern / Die Materialisation der dunklen Erscheinung / In der Gewalt des Dämons / Dämonenzwang / Beschwörung um Mitternacht uva.

90 Seiten – ISBN 3-932928-22-9 - € 14,00

Delomelanicon

Delomelanicon - Das schwarze Buch der Schatten. Aus dem Inhalt: Warnung / Die Grundlagen der magischen Praxis / Teufelspakte und Teufelsbeschwörungen / Der Teufelspakt / Faust's Manual-Höllenzwang / Faust-Magie / Der Zwang des Albiruth / Die Magie des Picatrix / Suggestions-Magie / Imaginations-Magie / Von den magischen Bindungsmitteln / Herpentils Schwarze Magie / Jezira-Magie / Tibetische Magie / Mongolische Magie / Bann-Magie / Djimm-Magie / Die schwarze Messe / Dämonenbeschwörungen bei Babyloniern und Assyrern uva.

Walter Jantschik - 80 Seiten – ISBN 3-932928-14-4 - € 12,90

Baphomet Magie

Golem-Magie, Egregoren und der geheime Gott der Templer. Walter Jantschik, ehemaliger Großmeister der legendären Geheimloge Fraternitas Saturni, zählt durch seine jahrzehntelangen Studien auf allen Gebieten der praktischen Magie zu den Eingeweihten. Erstmalig zeigt ein Wissender, bisher geheim gehaltene Rituale und magische Praktiken. Aus dem Inhalt: Das Golem-Ritual / Der Golem-Egregor / Die Golem-Evokation / Der magische Egregor / Wege zur magisch-dämonischen Einweihung / Die Evokation des Nachtdämons Lilith / Magische Gedankenschöpfungen / Die Herstellung einer Sigillenmaschine uva.

Kurt Krause - Großformat – ISBN 3-932928-06-7 - € 25,90

Teuflisches Treiben

Nur wenige geborene Hexer gibt es. Eine Kraft fließt durch sie, tief in unsere Vorzeiten reichend und läßt Magie, Zauber und Macht durch unsere Welt strömen Aus dem Inhalt: Magische Modelle / Das Pentagramm einmal anders / Der Pfad zur wahren Magie / Wahre und falsche Magie / Die erste Übung / Einweihung / Das neue Äon / Das Buch des Gesetzes / Meisterschüler der satanischen Magie / Voodoo / Fetisch / Die Formel der vier Elemente oder Einführung in den Satanismus uva. Limitierte Auflage von 666 Exemplaren.

Karl Brandler-Pracht - 288 Seiten – ISBN 3-932928-17-2 - € 17,90

Die Astrologische Prognose

Das in der Astrologie einzigartige Lehrwerk von Karl Brandler-Pracht nach vielen Jahren wieder erhältlich. Der vorliegende Band erläutert die astrologische Prognose, Interpretation und Ausdeutung eines Horoskops. Aus dem Inhalt: Die Tierkreiszeichen / Der Aszendent / Sonne, Mond und die Planeten / Der aufsteigende und absteigende Mondknoten / Der Punkt für Glück / Die anderen sensitiven Punkte / Die Fixsterne / Reichtum und Armut / Liebe und Ehe / Die Lebensdauer und die Art des Todes / Freunde und Feinde / Der astrale Einfluß der Himmelskörper / Die Technik der Prognose / Die Auslegung des Horoskops uva.

Frater Johannes - 32 Seiten – ISBN 3-9802704-2-4 - € 6,90

Magische Beeinflussung

Die Versuche von Frater Johannes über die magische Fernbeeinflussung des Menschen durch Tepaphone, gehören zu den interessantesten Gebieten der Magie. Die von Bardon, Klingsor und Gregorius erwähnten Tepaphone werden hier praktisch beschrieben. Inhalt: Die magische Umpolung der Odzentren im Menschen / Psychisch-magische Beeinflussung durch Hochfrequenz und Ätherströme / Die Praxis der magischen Fernbeeinflussung. Mögen diese Ausführungen nur in die richtigen Hände gelangen.

Frater Devachan - 64 Seiten – ISBN 3-932928-08-3 - € 10,00

Adonismus – Die uralte Geheimlehre

Der Adonismus gilt als eine der ältesten Geheimlehren der Menschheit. Vertreter und Anhänger waren unter anderem Rah-Omir Quintscher und Dr. Musallam. Heute kündigt sich eine Renaissance dieses alten magischen Kults an. Inhalt: Der Adonismus als Baalskult / Der Orden Mentalistischer Bauherren O.M.B. / Die FOGC-Loge – Der Freimaurer Orden des Goldenen Centuriums / Die Geheimlehre des Adonis-Kultes. Mit Auszügen aus dem legendären Adeptenbuch von Dr. Musallam, dem auch Franz Bardon viele seiner späteren Lehren verdankte.

Hans Possendorf - 96 Seiten – ISBN 3-932928-03-2 - € 11,90

Der Fluch - Magischer Einweihungsroman

Faszinierender Tatsachenroman über die abenteuerliche Reise dreier Männer in ein unerforschtes Tal in Tibet um die Jahrhundertwende. Hier treffen sie auf einen außergewöhnlichen Tibeter mit unerklärlichen Kräften, der zugleich verehrt und gefürchtet wird. Trotz Verbot belauschen sie ein geheimes Ritual. Ihr Frevel wird entdeckt und ihre Neugierde schwer bestraft. Sie werden mit einem Fluch belegt, der sie innerhalb von drei Jahren töten soll. Ein spannender Einweihungsroman, der Ihr Bewußtsein verändern und erweitern wird.